Feridas
no coração

Título original
Heridas en el corazón: el poder curativo del perdón

Capa
Provazi Design

Dados Internacionais de Catalogação na Publicação (CIP)

Schlatter, Javier
Feridas no coração: O poder curativo do perdão / Javier Schlatter – 1ª ed. – São Paulo: Quadrante Editora, 2023.

ISBN: 978-85-7465-488-1

1. Perdão — Aspectos religiosos 2. Ressentimento 3. Vida cristã I. Título

CDD–234.5

Índices para catálogo sistemático:
1. Perdão : Doutrina cristã : Cristianismo 234.5

QUADRANTE EDITORA
Rua Bernardo da Veiga, 47 - Tel.: 3873-2270
CEP 01252-020 - São Paulo - SP
www.quadrante.com.br / atendimento@quadrante.com.br

Javier Schlatter

Feridas no coração

O poder curativo do perdão

Tradução
Rafael N. Godinho

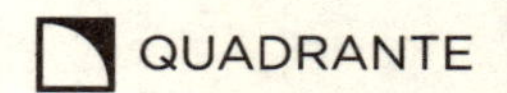

Sumário

O que é o perdão?

> *"Porque não é o perdoar coisa perfeita, se em generoso amor não se converte."*
>
> B. L. de Argensola

> "[...] *sacudiu e despertou as mais nobres capacidades do coração humano, em particular a capacidade de perdoar e de responder com magnanimidade ao dano sofrido.*"
>
> Fiódor Dostoiévski, *Humilhados e ofendidos*

Muitos acreditam que a medicina é vocação de serviço, de ajuda aos demais. Não direi o contrário, sobretudo por ter sido esta uma das minhas principais motivações para que me dedicasse à psiquiatria. Mas os anos passam, e cada vez estou mais convicto de que o maior beneficiado pela decisão que tomei sou eu mesmo. Uma das razões que reforçam essa convicção é justamente este livro.

Num dia qualquer, há cerca de um ano, ao terminar a última consulta da tarde, fiquei pensando no que acabara de presenciar[1]. Nestor, um rapaz de 24 anos, mais novo de seis irmãos, contara-me em várias sessões anteriores que, quando criança, um de seus irmãos mais velhos havia abusado dele durante anos. Ele nunca conversara com ninguém sobre o assunto e, embora tivesse se acostumado a "conviver" com suas lembranças e a consolar-se sozinho, suspeitava de que não poderia ser feliz sem

1 Os relatos que dizem respeito a pacientes atendidos em consulta se baseiam em dados reais, mas nomes e detalhes foram modificados por razões de confidencialidade.

perdoar o irmão. Nunca fora capaz de fazê-lo, e sentira um verdadeiro alívio quando o irmão saíra de casa. Porém, por circunstâncias da vida, seu irmão acabava de voltar para casa. Nestor entendera que havia chegado a hora de tentar e pediu a minha ajuda. Foi então que surgiram minhas dúvidas: será que Nestor estaria preparado para esse passo? Não seria pior se a tentativa falhasse? Não haveria outras maneiras de resolver o problema?

Além disso, eu ainda me lembrava bem da conversa com Soledad e Sérgio que travara poucos dias antes. Tratava-se de um casamento bem-sucedido, ou ao menos assim parecia. Ela acabara de descobrir, por mero acaso, que ele tivera uma aventura fugaz anos antes, em uma viagem a trabalho. Ele confirmara, mas dera sua palavra de que em nenhuma outra ocasião lhe fora infiel. Agora, muitos anos depois do ocorrido, tinham vindo pedir a minha ajuda pela imensa dor que ela sentia e pela total rejeição que tinha para com ele. Sérgio sugerira a terapia conjugal e Soledad consentira, desejosa de querer salvar o casamento. Depois de várias sessões, ela hesitou. Sentia-se incapaz de perdoá-lo. Iria abandonar a terapia e iniciar um processo de separação. Nesse dia eu me senti frustrado: achava que poderiam se reconciliar e seguir felizes, mas... Tratar-se-ia realmente de algo imperdoável? E, se ela lhe perdoasse, não seria uma falta de respeito para consigo? A dificuldade de superar essa contrariedade se devia ao fato em si ou a seu modo de ser? Até que ponto basta querer para conseguir perdoar? Há ofensas que só podem ser perdoadas por pessoas de fé?

À medida que mergulhei no estudo do perdão, percebi, com surpresa, a sua grande riqueza e profundidade. A literatura universal está repleta de personagens que não quiseram ou não souberam perdoar, porém não de pessoas valorizadas por sua capacidade de exercer o perdão. Recentemente, em contrapartida, pudemos desfrutar e reviver, com Jean Valjean, sua história de perdão em *Os miseráveis*, o magnífico romance de Victor Hugo adaptado ao cinema. Jean era um jovem de grande coração, órfão desde pequeno. Uma longa e desproporcional condenação por ter furtado pão para alimentar seus sobrinhos famintos, bem como as experiências da prisão, enche o seu coração de ódio e miséria. Ao sair dali, ele experimenta a cruel rejeição da sociedade por sua condição de ex-presidiário, mas em seu desespero acaba por encontrar a misericórdia e, posteriormente, o perdão do bispo da cidade. Seu coração se transforma, e daí em diante desenreda-se uma história na qual é ele quem, por diversas razões, passa a ajudar e a se compadecer de outras pessoas de condição muito diferente da sua, e isso ao ponto de colocar em risco a sua liberdade e sua vida. No desenlace, ele não só encerra a vida em paz consigo mesmo, como facilita que outras pessoas também se ponham a perdoar e a participar dessa paz interior. Como contraponto, o autor nos apresenta o inspetor Javert, que persegue Valjean sem trégua, desprezando suas manifestações de bondade e arrependimento — como quando salva o próprio Javert de ser fuzilado por revolucionários. Javert, cego por seu rígido senso de dever e justiça, acaba desesperado diante das evidências de seu erro e de sua mesquinhez.

Nas páginas seguintes, abordaremos a definição e as principais características desta realidade tão humana e surpreendente. Para tanto, recapitularemos também como ela foi compreendida e vivida pelas principais culturas e religiões ao longo da história.

Uma introdução ao conceito de perdão

Uma clássica expressão nos recorda que errar é humano (*errare humanum est*). Se o homem vivesse só, repararia seus erros sofrendo na própria carne suas consequências e retificando-os — ou não — após perceber sua falta. Felizmente, porém, o homem é um animal social, e isso faz com que nossos erros prejudiquem ou provoquem sofrimento aos demais[1].

Em outras ocasiões, ocorre conosco o que dizia Ovídio: "Vejo o melhor e o aprovo, mas faço o pior"[2]. Desta forma, acabamos por prejudicar os outros, no que há um valor moral negativo — colocar o meu interesse acima do interesse alheio ou buscar diretamente o mal de outrem.

Todos sofremos ofensas ou danos, sejam físicos ou morais. Nessas ocasiões, é frequente que pensemos, de maneira espontânea, em revidar o insulto ou dano sofrido. Essa reação pode ser considerada natural, mas isso não significa que seja automática. Como dizia Viktor Frankl, entre o estímulo e a resposta existe um espaço para a liberdade, e nele repousa o nosso crescimento e a nossa felicidade. O perdão está na raiz desse repouso. A reação espontânea de devolver o mal com o mal se traduz numa emoção negativa de ira misturada com dor — moral ou

1 Em seu livro *Felicidade e benevolência,* R. Spaemann fala do que chama de "perdão ontológico", motivado quando se reconhece no outro a minha própria finitude, o que explica por que não me fez justiça ao lidar comigo. Por isso todos precisamos de indulgência.

2 Ovídio, *Metamorfosis*, 1.7, vv. 20-21.

física —, a qual sente repulsa pelo ataque sofrido. Queremos que o agressor interrompa a sua ação e, ao mesmo tempo, tentamos nos proteger de uma agressão nova. Às vezes não lhe respondemos ativamente, mas, em geral, quer respondamos, quer não — principalmente quando não —, a dor pela ofensa recebida tende a se transformar em ira ou ódio contra o agressor[3].

Se essa dor perdura por muito tempo, transforma-se em ressentimento. Assim como o amor, o ódio tende a permanecer em razão de sua própria estrutura interna, a menos que façamos algo para mitigá-lo ou deixemos de alimentá-lo.

Quando sou ofendido, geralmente ocorre que qualquer estímulo novo relacionado à situação me recorda e me faz voltar, intelectual e emocionalmente, à "cena do crime". Assim, se não tomo uma atitude, acabo gerando uma espécie de ciclo que se pode repetir e perpetuar-se indefinidamente. A partir desse momento, nada será igual. É como se o tempo parasse e ficássemos presos a um ciclo, ancorados nesse ponto doloroso. E, embora até se possa achar que as causas da infelicidade sejam as ofensas ou agressões, o mais comum é que nossos desejos de felicidade sejam frustrados pelo próprio ressentimento.

---

3 A ira é uma de nossas paixões fortes. Leva-nos a conquistar um bem árduo ou custoso, o qual obtemos como um misto de bem e de mal. Ela tem dois objetivos: por um lado, reage-se com agressividade ao dano recebido para remediar o mal e exigir uma satisfação; por outro, busca-se a vingança ou a reparação como um bem desejado. Segundo São Tomás, trata-se da mais "humana" das paixões por combinar-se muito bem com a razão, já que, para reagir, é preciso comparar, ponderar o dano e mensurar a satisfação exigida, e tudo isso exige a inteligência. Por outro lado, embora se diga que todas as paixões nos cegam, a ira certamente é a mais propensa a agir por explosões, podendo chegar a anular a consciência. Cf. W. Farrell, OP, *Guía de la Suma Teológica*, vol. II. 1ª parte, I, II, qq. 1-67.

Sob essa perspectiva, o perdão é, junto com a confiança[4], uma das duas forças de que o homem precisa para viver — entendendo aqui o "viver" como "viver em sociedade". O homem necessita do perdão e da confiança em sua qualidade de animal-relacional, de ser-para-o-outro. Precisa dele para a sua estabilidade e sua convivência diária.

Necessitamos de confiança desde o nascimento[5]. Devido à sua condição limitada, o homem parte da insegurança e adquire a confiança com a experiência, com o conhecimento etc. Mas sempre há um dia seguinte, um depois, algo novo a explorar ou experimentar. Por essa razão, preciso confiar no que aprendi e no que, de algum modo, dou como certo.

Preciso confiar em que os demais continuarão se comportando da mesma forma; em que o ônibus chegará na hora certa; em que nesta noite, quando me deitar, pegarei no sono mais cedo ou mais tarde. Esses são atos de fé e de confiança mais ou menos explícitos, os quais me permitem viver com a segurança de que tudo ocorrerá "normalmente", conforme o previsto. A confiança se faz necessária para podermos progredir na vida, sem ter de comprovar, a cada momento, que os "pregos" continuam bem presos na parede.

Algo parecido se dá com o perdão. Precisamos do perdão em nosso cotidiano. As ofensas têm o poder atraente do mal, ao passo que a mágoa nos encaminha para a autopreservação e a autocompaixão — as quais, por

---

4 Deste assunto Hannah Arendt faz uma excelente análise na obra *A condição humana.*

5 É durante os 12-18 primeiros meses de vida que adquirimos a confiança básica, tal qual descrita por Erikson no âmbito da psicologia evolutiva. Essa confiança pode ser maior ou menor segundo a forma como se é cuidado, como se têm satisfeitas as necessidades alimentares ou como se é acolhido nos braços dos pais, defendido ou protegido. Disso dependerá a disposição posterior de confiar em si próprio e nos outros, bem como a capacidade de acolhê-los, de depender deles e de transmitir confiança.

sua vez, nos levam a nos concentrar na agressão em si. A pessoa que, por natureza, tende a viver no presente com uma expectativa de futuro necessita do perdão para não permanecer "presa nos espinheiros do caminho".

Não fosse assim, o homem passaria a viver com uma liberdade condicionada, atado a uma cadeia que o une, pela dor, às ofensas ou culpas do passado. Graças ao perdão, libertamo-nos dessa cadeia e podemos seguir a nossa vida, nosso ser-no-tempo.

Se fico preso ao ciclo do rancor, não só volto a sentir a mesma dor reiteradamente, como também se instaura, em meu interior, uma percepção de eternidade ou de atemporalidade, acompanhada de impotência e desespero. Sentirei ódio do agressor, numa sensação resultante da própria dor e da tentativa frustrada de me libertar das emoções negativas, que porém tendem a se amenizar quando expressas de modo adequado. Com o ódio, no entanto, assim como a inveja, a dificuldade é maior: a dor poderia se "conformar" com a queixa ou com as lágrimas, mas o que acontece com o ódio?

Num primeiro momento, o normal é associar a agressão ao agressor: quem foi? O ódio não se conforma com a mera expressão da queixa, mas "pede vingança", uma vingança que, longe de eliminar a dor, alimenta a sua origem. Quando chega nesse ponto, a pessoa que sofre se encontra em situação similar à dos condenados do último círculo do inferno, na *Divina comédia*[6]. Ela quer chorar para aliviar

---

6 "Seguimos até onde o gelo oprimia duramente outros condenados (...). O próprio pranto não lhes permitia chorar, e a dor, que encontrava o obstáculo sobre os olhos, voltava-se para dentro, aumentando-lhe a angústia, pois as primeiras lágrimas formavam barreira e, tal como viseira, cobriam todo o olho sob as pálpebras" (Canto XXXIII, vv. 91-99). E, adiante, um condenado faz este apelo aos dois viajantes: "Ó, almas tão cruéis que vais destinadas ao último recinto! Tirai-me dos olhos este duro véu, para aliviar-me a dor que me enche o coração, antes que o pranto se congele outra vez" (vv. 110-114).

a sua angústia e sua pena, mas, horrorizada, percebe-se incapaz de derramar lágrimas. As lágrimas certamente amenizariam suas penas; porém, à medida que surgem, se cristalizam, e longe de aplacar a pena produzem uma dor aguda que aumenta seu sofrimento e, com o tempo, seu desespero[7]. Tampouco caberia — seria uma falsa solução — negar as emoções e sentimentos negativos. Isso ocorre, por exemplo, quando o agredido dá início a um mecanismo de defesa que o leva a atitudes surpreendentes de identificação com o agressor, ou mesmo a concluir que talvez tenha sido sua a culpa, por ingenuidade...

Nessa situação, o que resta à pessoa agredida? A vingança? Bem, eu sinto uma dor e a presença do agressor. Terei, pois, de "dissolver" esta associação agressão-agressor se quiser conceder o perdão ao agressor. Parece lógico que a pessoa agredida recorra aos meios necessários para deixar de sê-lo, ainda que somente por seu instinto natural de sobrevivência. Mas será que isso também não é devolver agressão com ódio? Já sabemos como se desenvolvem essas espirais de violência. É muito fácil que o agredido se torne rapidamente agressor e que os papéis sejam trocados. Passamos do perdão à vingança através da dor e do ódio. A cadeia de dor e ódio que aprisionava o agredido em sua mente passa a unir o agredido com o agressor numa dinâmica interminável. A ofensa leva à dor, que leva ao ódio, que leva à vingança, que leva a uma nova ofensa...

Descartada a vingança, que solução me resta? Só uma, que sem dúvida é a mais enriquecedora e positiva: o perdão. O perdão é o machado que, com um corte limpo,

---

7 "Grande parte de uma desgraça consiste, por assim dizer, na sombra da desgraça, em refletir sobre ela — ou seja, no fato de que alguém não se limite a sofrer, senão que se veja forçado a seguir considerando o fato de que sofre" (C. S. Lewis, *A Grief Observed*. 1961).

rompe o ciclo iniciado pela dor e pela vingança. Trata-se de um golpe semelhante ao corte das amarras de uma embarcação, libertando a mim e, se for o caso, também ao meu agressor. Na história de Valjean, ele se libertou com o perdão do bispo Myriel e pôde, por sua vez, obter esse mesmo benefício para outro — exceto para Javert, que, movido pelo desespero, não foi capaz de crer nessa possibilidade e resolveu pôr fim à própria vida. Alguns autores diferenciam dois tipos de perdão: o primeiro é o perdão autêntico, com o qual desejo perdoar, de modo livre e gratuito, a pessoa que me prejudicou. Agindo assim, procuro proporcionar um bem ao outro ou um bem que melhore a minha relação com ele, deteriorada após o dano causado. Digamos que seja um "perdão para os dois".

Outro tipo de perdão seria o perdão intencional, que se realiza com vistas a um benefício mais direto na pessoa que perdoa. Ela se sente presa ao ciclo de mal e dor, necessitando se libertar desse fardo emocional para seguir adiante. Tal perdão, que seria o "perdão-para-alguém", é tão "lícito" quanto o outro, mas não seria tão genuíno ou completo quanto o anterior, visto que tem uma gratuidade limitada.

Em ambos os casos, ao libertar-me do ciclo posso seguir a vida e "virar a página", e esse "virar a página" não é o mesmo que agir "como se nada tivesse acontecido" — assemelha-se mais à virada de página de um relato, no qual o conteúdo tem sua dinâmica própria, ao mesmo tempo que mantém relação com a página anterior. O perdão não garante que tudo volte a ser como antes. Em primeiro lugar, porque nada volta a ser exatamente como antes, pois somos seres-no-tempo. Depois, porque, após o perdão, o vínculo de dor e ódio é substituído pela dignificação do agressor. Quando se perdoa, faz-se distinção entre o agressor e a ofensa, o que supõe e permite também um reconhecimento, uma dignificação consciente: *Você é uma pessoa que me prejudicou e fez algo que me dói; mas, acima de tudo, é uma pessoa. Eu o perdoo para que não volte a fazê-lo (amor), e o perdoo como um ofensor que também sou (compaixão).*

O perdão, portanto, gera uma mudança real. Da mesma forma como as promessas não se descrevem, mas se fazem, trata-se, aqui, de mais do que uma declaração: supõe uma ação de ruptura do ciclo e o estabelecimento de uma nova relação. Da mesma forma, como veremos adiante, pedir perdão pode apagar a culpa enquanto qualidade moral, bem como o sentimento de culpa[8].

Em suma, embora o perdão seja uma realidade basicamente pessoal, ela é necessária para conservar e enriquecer as relações interpessoais, para sustentar o ser social que somos. É, também, algo essencialmente positivo, pois não consiste apenas em recompor algo que se quebrou. O perdão enriquece como pessoa tanto a quem perdoa como ao perdoado. Uma vida sem perdão, uma vida sem amor, seria desumana e até repulsiva.

As características do perdão

Durante o 50º Congresso Eucarístico Internacional, que ocorreu em Dublin, no verão de 2012, foi lida uma carta da irmã Geneviève, sobrevivente do genocídio de

---

8 Nesse sentido, o perdão, assim como a promessa, é um ato performativo: muda o estado das coisas no mundo; opõem-se esses atos aos atos declarativos, que apenas descrevem ou enunciam. O perdão, olhando para o passado, produz essa mudança, ao passo que a promessa, desafiando o esquecimento, é uma resposta ao que está por vir.

Ruanda, perpetrado em 1994. Nessa carta, a religiosa explicava a dor e o ódio que guardava na alma desde que um grupo de indivíduos levara sua família, junto com outras pessoas, para dentro de uma igreja e as assassinaram. Um tempo depois se deu algo inesperado, que mudou sua vida. Durante a visita a uma prisão, um dos encarcerados, que participara do morticínio e sabia que ela perdera seus familiares, aproximou-se dela e, de joelhos, pediu-lhe que o perdoasse. “Fui dominada por um sentimento de piedade e compaixão”, lembrava ela. “Eu o levantei, o abracei e disse: ‘Você é meu irmão e sempre será’. Senti que me libertava de um grande peso, e em seu lugar surgia a paz interior. Agradeci ao homem a quem estava abraçando. Para a minha grande surpresa, ele gritou: ‘A justiça pode fazer a sua parte e me condenar à morte, mas agora eu sou livre!’”

Neste caso, foi a manifestação de arrependimento que pôs em ação o perdão da pessoa ressentida. Contudo, nem todo mundo exerce o perdão nessas situações; tampouco todas as respostas possíveis a este gesto sincero e corajoso podem ser consideradas um perdão autêntico. Vejamos quais são as características fundamentais do perdão genuíno:

1. *Deve ser livre.* Um perdão “forçado”, não livre, não é um perdão verdadeiro. Posso perdoar uma dívida, ser indulgente, agir como se nada tivesse acontecido, mas isso não significa que eu tenha perdoado. A liberdade daquele que perdoa é condição essencial — tanto a “liberdade para” decidir ou não pelo perdão, como a “liberdade de” quem o concede.

Trata-se de uma postura diante do dano recebido que leva a querer superá-lo e a resolver as emoções negativas que o acompanham, e isso só as pessoas livres podem fazer. O ofendido se envolve de forma intencional. É uma evidência de que algo mudou a minha relação com aquele que me agredira. Com o perdão, posso semear uma nova planta, uma semente.

Por outro lado, as ferias não curadas, mal cicatrizadas, limitam e restringem a minha liberdade. Podem gerar reações desproporcionais que me surpreendam a mim mesmo, podem me tornar insensível ou inacessível aos demais, ou ainda hipersensível e suscetível. Como afirmou em entrevista Alex Pattakos, discípulo de Viktor Frankl: "O perdão é a chave que abre nossa prisão mental e nos liberta, nos dá o controle. Com efeito, quanto mais raiva ou ira temos dos outros, mais poder eles têm sobre nós"[9].

Nessa mesma entrevista, o especialista reproduziu as palavras proferidas por Nelson Mandela no dia em que o libertaram, depois de quase trinta anos de prisão. Bill Clinton — que o acompanhou nesse dia — comentou que ele estava com uma feição séria e lhe perguntou a causa dessa seriedade. Mandela respondeu: "Sim. Quando saí da prisão e vi toda aquela gente, senti muita raiva pelos 27 anos de vida que me tinham roubado; mas então o espírito de Jesus me disse: 'Nelson, você era livre na prisão; agora que está fora dela, não se torne um prisioneiro de si mesmo'". O perdão, portanto, é livre e liberta.

Por fim, o fato de ser livre não significa que não suponha esforço. De fato, como sugere o poeta, às vezes pode parecer suspeita a facilidade em perdoar uma afronta: "Que em parte já parece que consente, quem perdoa ligeira e facilmente"[10].

9 A. Pattakos, Entrevista ao jornal *La Vanguardia*, 24 de fevereiro de 2008.

10 Alonso de Ercilla y Zúñiga. *La araucana*, XXXII, estr. 66.

2. *Deve dizer respeito a um mal objetivo causado de forma intencional.* É preciso que a pessoa reconheça que o dano recebido é objetivamente mal em si mesmo e que está dirigido contra ele. Não faria sentido perdoar o policial que me multou por estacionar em local proibido ou a enfermeira que me aplica uma injeção dolorosa que curará a minha doença. Deve haver um dano objetivamente mau, um valor negativo — segundo alguns autores, um *desvalor* — anexo ao dano objetivo. Neste sentido, como cada pessoa sofre o dano à sua maneira, o fundamental é o significado negativo que tal dano tenha contra ela, na situação concreta em que tenha ocorrido.

Na história de Nestor, um dos passos que ele precisou dar para perdoar o irmão que havia abusado dele foi superar seus sentimentos de culpa. Sempre pensara que tudo aquilo tinha ocorrido por culpa sua, que devia ter se defendido melhor, e esse pensamento o impedia de ver com nitidez o mal objetivo do dano que sofrera. Essa vergonha de uma culpa hipotética aumentava sua humilhação e o prendia ainda mais ao dado sofrido.

3. *Deve ser ativo.* Aquele que perdoa deve pôr-se em ação, superando as resistências esperadas, fruto das emoções negativas surgidas após o dano sofrido. Quando perdoo, preciso me esforçar deliberadamente por renunciar à vingança, distinguir o agressor da agressão, valorizar o que há de bom no agressor, compadecer-se dele, construir com ele um novo tipo de relação que supere o anterior e, por último, aceitar essa nova relação. Quanto maior a agressão e menor a minha capacidade de amar, maior será a minha decisão.

Em todo caso, exceto em ofensas menores, ou não tão menores, mas entre pessoas que se amam, é necessária uma clara decisão de exercer o perdão e exercê-lo até o fim. Esta pode partir da benevolência da pessoa ou da percepção de que, se ela não perdoar, o fardo se tornará ainda mais pesado ou insuportável. Pode ser que alguém não sinta forças ou capacidade de perdoar, mas não é por isso que não perdoar seja a melhor opção. O perdão, se e quando possível, é sempre o melhor caminho[11].

4. *Deve ser gratuito.* O perdão deve ser concedido sem se esperar nada em troca, ainda que normalmente resulte numa libertação evidente e gratificante[12]. Porém, o fato de ser livre e gratuito não significa que não haja motivos para fazê-lo ou deixar de fazê-lo. Com efeito, há autores que distinguem entre o perdão *intencional* e o perdão *emocional*: no primeiro caso, embora a cabeça tenha decidido perdoar, o "coração" não a acompanha, ao menos no início. O *emocional* seria o mais perfeito, pois supõe uma mudança também no âmbito das emoções. Provavelmente, as razões que mais levam ao perdão são as morais — moralmente, sei que não é bom guardar ressentimento ou ódio de uma pessoa, ainda que ela tenha me prejudicado; as afetivas — trata-se de uma pessoa de quem gosto e, mesmo que me tenha feito mal, meu apreço por ela é mais forte; e as emocionais — não me sinto bem com essas emoções negativas contra o ofensor e, para ficar bem e me sentir

11 "Não é que alguns tenham força de vontade e outros, não. É que alguns estão dispostos a mudar e outros, não" (J. Gordon).

12 Segundo alguns autores, o perdão sempre está a serviço de uma finalidade (resgate, redenção, reconciliação, salvação) ou é tentativa de reestabelecer uma normalidade (psicológica, social, nacional etc.). É evidente que o perdão surge como resposta a uma realidade prévia, mas contém um poder enriquecedor que vai além do resgate daquilo que foi perdido ou alterado.

bem, preciso me livrar desse peso e perdoar, ainda que "perca" meu direito à justiça ou à vingança.

Vê-se a gratuidade, por exemplo, quando alguém perdoa ao que acaba de prejudicá-lo sem sequer lhe dar tempo de pedir perdão. Essa conduta revela uma grande capacidade de amar. Ron McClary tinha dezesseis anos quando, ao fugir depois de cometer um roubo em Columbus (Ohio, Estados Unidos), atirou em Tom Hayes, o policial que o perseguia. Deixou-o paraplégico e com diversos problemas de saúde. Um sacerdote amigo de Tom lhe perguntou se perdoara o rapaz que lhe dera o tiro. Este respondeu que já o havia feito quando, sagrando, estava estirado na rua. "Achei que estivesse morrendo", disse, "e não queria me apresentar diante de Deus Todo-poderoso com ódio no meu coração. Assim, pedi a Ele que me levasse para o céu e que o levasse também". Embora nunca mais tenham se visto, ao longo de toda a vida o policial rezou pela conversão do agressor. Ron ficou 24 anos na prisão e, já mais velho, foi acometido por esclerose múltipla. O mesmo sacerdote foi encontrá-lo para dizer que Tom o perdoara e rezava por ele diariamente. Ron, muito limitado fisicamente, reconheceu que ainda sofria pesadelos relacionados ao fato. Com o passar dos dias, decidiu ser batizado, e quando de sua Primeira Comunhão o sacerdote perguntou à esposa do policial se perdoava aquele que havia disparado contra o seu marido. Ela, então viúva, se via incapaz desse gesto, apesar de passados 33 anos, mas, ao escutar as palavras entrecortadas do pedido de perdão do agressor, acariciou sua cadeira de rodas, dizendo-lhe: "Eu o perdoo".

Muitas são as motivações por trás do perdão. Alguns autores destacam a determinação que o ofendido pode ter de vencer os pensamentos, emoções e condutas negativas e combater a raiva, o ressentimento, a ruminação do pensamento e os desejos e tentativas de vingança. Enquanto a maioria dos estudiosos dá maior importância à dimensão de benevolência — sentimentos de empatia, compaixão, amor etc. —, outros tendem a uma alternativa intermediária e afirmam que o perdão só contém elementos positivos nas relações significativas e/ou que se mantêm.

3. *Deve dignificar o ofendido e o ofensor.* Para perdoar, é preciso ir além da ofensa e de quem a cometeu. Embora neste momento a dor possa me fazer concentrar a atenção no dano sofrido ou no outro como causador do dano, devo me esforçar para recordar que todo ser humano é maior que a sua culpa. Isto não me impede de reconhecer que o dano foi injusto, imerecido e objetivamente mau, além de humilhante. Não perder a consciência de minha própria dignidade me capacita a perdoar com liberdade. Devo reconhecer a dignidade do ofensor, situando-a acima da ofensa. Assim, ambos sairemos dignificados e enriquecidos.

No caso de Soledad e Sérgio, vimos como ela se sentia incapaz de perdoá-lo, apesar do arrependimento aparentemente sincero do marido e de se tratar de um acontecimento isolado. Pesava, mais que tudo, o fato de que ele fora infiel a um compromisso essencial, bem como a humilhação de que Sérgio pretendesse continuar vivendo "como se nada tivesse acontecido". Será verdade que é melhor não perdoar certas condutas? Que há condutas imperdoáveis? Esse dilema é proposto com frequência diante da violência especialmente severa dos abusos sexuais. Motivar o ofendido a perdoar poderia prolongar sua vulnerabilidade perante um novo abuso. Quem defende essa opinião pretende reforçar a justiça, a equidade e a autoafirmação da vítima, mas se esquece de que o perdão não exclui que se faça justiça, que o ofensor seja punido e que se tomem as medidas de proteção necessárias. E, é claro, é preciso ajudar a vítima para que saia fortalecida dessa agressão.

6. *Deve exceder a justiça.* A palavra *perdão* procede etimologicamente do latim *perdonare.* O latim usa a partícula *per* para intensificar o significado da palavra que a acompanha. Nesse caso, dá maior intensidade a *donare* (dar) e ressalta essa qualidade. Na relação ofensor-ofendido, *perdoar* é dar ao outro mais do que o "previsto".

Entendo que o previsto não seja vingar-se com juros. Isso seria simplesmente praticar o "olho por olho e dente por dente", ou mesmo o "aqui se faz, aqui se paga". Perdoar, no entanto, vai além. Busca *não revidar o dano merecido, dar ao ofensor algo positivo que ele não merece e fazê-lo de modo gratuito.*

Alguns autores concentram-se mais no dom concedido pelo ofendido ao ofensor ao abrir mão de seu direito ao ressentimento. O ofendido sabe que tem esse direito; apesar disso — e daí o prefixo de *per*doar —, ele se "esforçará para ver o ofensor com benevolência, compaixão e mesmo amor, enquanto reconhece que este ofensor renunciara a esse direito"[13].

Entende-se por isso que a definição de "perdoar" oferecida pela Real Academia Espanhola ("remitir a dívida, ofensa, falta, delito ou outra coisa") mostra-se pobre neste contexto. Esse "ir além" supõe substituir a ofensa pelo perdão, trocar um mal que não mereço por um bem que o outro não merece, uma conduta destrutiva por uma

13 E. Mullet. "Perdón y terapia", em F. J. Labrador e M. Crespo (coords.), *Psicología clínica basada en la evidencia*, Ed. Pirámide, Madri, 2012. pp. 137-152.

construtiva. Para poder transformar em perdão a experiência do dano, preciso recriar a relação entre agressor e agredido, purificando minha memória dos sentimentos de rancor e vingança.

Aspectos culturais

A história do estudo do perdão é incrivelmente breve. Os estudiosos tendem a falar de uma primeira etapa que termina na década de 1980, em que autores como Piaget se aprofundaram nos aspectos mais morais. A partir daí, outros autores, como Fitzgibbons, aprofundaram seus fundamentos psicossociais e desenvolveram pesquisas mais rigorosas, tanto no plano individual como no social. Mais recentemente, os autores vêm se contentrando tanto no aspecto mais individual, no perdão como algo que ajuda a superar uma situação negativa, quanto em sua eficácia para remediar as feridas causadas nas relações interpessoais ou de grupo — portanto, a partir de um ponto de vista mais relacional ou social.

Uma primeira forma de nos aproximarmos dos aspectos culturais desta realidade é considerar o que ocorre nos ambientes culturais em que não existe uma visão do perdão como remédio para sanar o dano sofrido. Entende-se que, em qualquer cultura, as pessoas próximas, aquelas que se querem bem ou simplesmente se respeitam, são capazes de perdoar as pequenas coisas do cotidiano. Mas, e quando as ofensas são de maior relevância? Quais são as consequências, nas relações interpessoais, desta limitação na capacidade de perdoar?

Parece óbvio que, se não se perdoam tais ofensas, elas normalmente não se perderão na memória, ao menos na emocional. Cada pessoa conservará um conjunto de ofensas que certamente influenciará as relações entre as pessoas envolvidas. Essas ofensas poderiam "ser transmitidas" entre gerações e acumular-se em progressão aritmética ou geométrica, gerando uma sociedade cada vez mais desagregada.

Ao mesmo tempo, a pessoa imersa nessa sociedade suportará um peso emocional cada vez maior como resultado da soma de emoções negativas (ira, raiva, rancores, ressentimentos, humilhações, impotência etc.) que sempre se farão presentes.

Estabelece-se, pois, uma rede de ofensas cruzadas que tornam o ambiente asfixiante, criando um clima de desconfiança, vulnerabilidade e alerta contínuo quanto a um possível dano futuro. Isto nos faz viver quase que continuamente no passado e classificar o presente e as expectativas de futuro sempre à luz de um filtro negativo, representado pela somatória de experiências ruins e de feridas não cicatrizadas.

A consequência de viver sem perdão, emaranhado em insultos e ofensas, é muitas vezes o recurso à vingança. A pessoa agredida pode sentir certa satisfação ao ver o agressor "pagar" pelo dano que cometeu. Quando, em um ambiente social, não se perdoa, o agredido libera sua ira e mitiga sua dor mediante a devolução do dano recebido. E a experiência relata que essas dinâmicas dão origem a uma espiral infindável de agressões e violência. Enquanto ato humano, na vingança o normal é se deixar levar pelas paixões com pouco ou nenhum uso da liberdade. Trata-se de uma conduta mais próxima ao reino animal do que ao racional.

Qual foi o papel exercido pelo perdão ao longo da história nas diferentes civilizações? Estaria ele na bagagem de todas as culturas? Seria um elemento antropológico, "supracultural"? Há diferenças interculturais na hora de perdoar?

Na cultura helênica não havia o perdão enquanto tal. Em vez disso, reconheciam a indulgência, a compaixão ou a simpatia. No entanto, se alguém agisse contra os deuses, por exemplo, sofreria o castigo correspondente, e de forma exemplar. O próprio Sócrates entende que seus falsos acusadores causam a si mesmos dano maior do que a ele; por isso, mais do que desejar vingar-se, compadece-se, acreditando ser preferível sofrer uma injustiça a cometê-la.

Platão não reconhece a existência da culpa e chega a dizer que aquilo que é injusto o é de forma inconsciente, pois fazer o mal não seria senão cometer um equívoco. Se alguém me prejudica, devo me compadecer dessa pessoa por seu "erro", já que poderia não tê-lo cometido. Provavelmente o corpo, fonte do mal, enganara a alma.

Uma visão mais próxima da de Sócrates é a de Sêneca, que via no fato de apiedar-se o motivo fundamental para o perdão: "Perdoa ao mais fraco que ti, por piedade para com ele; e ao mais forte que ti, por piedade para contigo".

O Direito Romano supera a Lei de Talião do povo hebreu e abre a possibilidade de acordar uma remuneração entre ofensor e ofendido, a fim de compensar o dano causado; recorrer-se-ia ao olho por olho apenas no caso de não se obter acordo para tal compensação. Posteriormente, esse pacto torna-se obrigatório e a ofensa, fonte de obrigações; trata-se de um distanciamento ainda maior da Lei de Talião.

Atualmente, o perdão ainda não chegou a algumas culturas, e em outros casos fica reduzido a um consolo superficial de tipo sentimental-espiritual, que ajuda a superar a ofensa. Nas sociedades ocidentais existem algumas realidades de tipo cultural ou sociológico que o poderiam estar desnaturalizando ou dificultando, como:

a. A tendência à autonomia: se tenho um conflito, a melhor solução é passar a me relacionar com outra pessoa. O importante não é "ficar bem com você", mas "ficar bem comigo mesmo". E, se "não fico bem" com você, buscarei outro.

b. A abundância de redes superficiais de relacionamento, baseadas no interesse. Isso pode criar desprezo por um ato gratuito como o do perdão, principalmente quando exige algum esforço. "Por que devo perdoá-lo, depois do que me fez?" Novamente, em contraposição à amizade, se "essa conexão da rede falhar", busco outra conexão e pronto.

c. O recurso desproporcional à via judicial, mediante denúncias no seio da família, ou a professores, vizinhos etc., em vez de se resolver o problema por outras vias, como o diálogo ou o perdão. Estes se mostram essenciais para manter um tecido vivo, real e construtivo entre as pessoas.

d. A tendência a estabelecer "grupos", estimando cada ocasião de conflito em termos de "vitória ou derrota". O empenho de vencer esse pretenso combate se impõe à relação humana entre as pessoas envolvidas, ou mesmo sobre a verdade.

Por trás destas realidades, há pelo menos três correntes que as poderiam estar alimentando.

a. O relativismo, que afirma que a bondade ou maldade de um ato não é objetiva. Esse subjetivismo tende a dispersar — ou mesmo anular — a culpa, além de banalizar o mal; se não há culpa, não há necessidade de arrependimento ou perdão.

b. O individualismo ou autonomia radical da pessoa. Se sou autônomo, não preciso que ninguém me perdoe, e não me importa se alguém pode sofrer por algum comportamento meu. Não há necessidade de depender uns dos outros para sermos felizes, nem para construir a sociedade. Esta atitude dificulta a possibilidade de "colocar-se no lugar do outro" e impede o perdão gratuito. Permite apenas um perdão concedido a partir de minha vontade de poder (e que mais se parece a uma atitude de clemência)[14].

c. O hedonismo ou a busca direta pelo prazer, que leva a evitar o sofrimento. Além da dor própria da ofensa, perdoar envolve um esforço tão ou mais doloroso do que a ofensa em si, pois dá-se de maneira livre e como contraposição a uma conduta negativa praticada contra mim[15]. Para pedir perdão, por outro lado, é preciso reconhecer a verdade, arrepender-se, expressá-lo claramente, reparar o eventual

---

14 Alguns autores destacam o componente narcisista do Ocidente no fim do século XX, manifestado na tendência ao individualismo, à competitividade e ao destaque dos êxitos pessoais, como uma dificuldade para a boa acolhida das manifestações de perdão, que passam facilmente a ser vistas como sinal de debilidade e falta de personalidade. Cf. P. C. Vitz, *Psychology as Religion: The Cult of Self-Worship*. Eerdmans, Minnesota, 1994.

15 "A ofensa deve ser desculpada, reparada e, assim, superada. O perdão custa algo, sobretudo a quem perdoa: deve-se superar interiormente o dano sofrido, deve-se como que cauterizá-lo dentro de si, e com isso renovar-se a si mesmo, para que esse processo de transformação, de purificação interior, logo alcance também o outro, ao culpado, e que assim, com ambos sofrendo profundamente o mal e superando-o, saiam renovados" (Bento XVI, *Jesus de Nazaré I*, p. 195).

dano provocado e comprometer-se a não repeti-lo. Esta fuga da dor leva à busca de alternativas ao perdão, de certas fórmulas leves que não existem e de simulações estéreis, que perpetuam as feridas.

Por outro lado, diante desses aspectos negativos da sociedade, podemos falar também de uma tendência social cada vez mais comum a buscar o perdão para alcançar a reconciliação. Essa atitude é impulsionada por certa visão simples do passado: o século XX, cenário de tantos avanços para a humanidade, lançou sobre a terra uma quantidade insuportável de vítimas e injustiças, muitas das quais de modo cínico, em nome da liberdade e do progresso. Nos últimos anos, constatou-se que as soluções baseadas nos tribunais, mediante condenações e compensações financeiras, tendem a ser insuficientes. Para que haja a cura autêntica da ferida, deve-se chegar ao nível em que adentrou a "arma", que tende a ser o da dignidade radical de todo ser humano.

As medidas devem se concentrar mais no ofendido do que no ofensor e, em alguns tipos de ofensas — quando o dano é irreparável ou muito íntimo —, tendem a se distanciar muito da reparação. As experiências nos campos de extermínio, os conflitos étnicos na África, a Guerra dos Bálcãs, o terrorismo etc. são claros exemplos destas tristes realidades. Nos últimos anos, felizmente, se vem observando certa mudança na opinião pública — especialmente a ocidental — que tende a ver o perdão como a mais digna das soluções e, às vezes, a única possível perante certas injustiças[16].

16 "Pedir e oferecer perdão é uma via profundamente digna do homem e, por vezes, a única para sair de situações marcadas por ódios antigos e violentos" (São João Paulo II, Mensagem para a Jornada Mundial da Paz, 1º de janeiro de 1997).

No Ocidente, o perdão faz parte do sistema de justiça, das "regras do jogo" da sociedade, de maneira que, em princípio, aquele que infringe a lei sai da ordem constituída e, de alguma forma, é afastado da sociedade. Como essa desagregação social não é boa, convém que haja a possibilidade do arrependimento e que, com o cumprimento da justa condenação, o ofensor seja perdoado e possa se reintegrar à sociedade. Em geral, a sociedade ocidental tende a mostrar uma atitude positiva diante do perdão, a qual será beneficiada pela manifestação de arrependimento do agressor, por um juízo justo, pelo cumprimento da condenação e, sobretudo, pela confirmação posterior de que houve verdadeira mudança de conduta, capaz de atestar o arrependimento.

O perdão nas principais religiões

Nas principais religiões contempla-se o perdão como algo bom e mesmo necessário, ainda que as abordagens e limites sejam diferentes. Em todas se recomenda pedir perdão quando se causou dano a outrem, estar abertos a ele ao sofrer uma ofensa e pedi-lo à divindade quando entendermos que transgredimos suas normas. Ao mesmo tempo, aceita-se certa pena ou compensação por tais feitos.

O budismo considera o perdão necessário para manter o equilíbrio interno, pois consegue eliminar pensamentos capazes de prejudicar nosso bem-estar interior, além de produzir um efeito negativo duradouro no carma. Esses pensamentos nocivos — rancor, ódio, desejo de vingança etc. — devem ser combatidos a partir de duas perspectivas: a renúncia à cólera e ao ressentimento contra qualquer pessoa que me ofenda; e a renúncia a qualquer forma de compensação ou remuneração pelas ofensas recebidas. A primeira renúncia seria o modo de romper o ciclo de mal e dor logo após a ofensa, a fim de evitar sua retroalimentação. A segunda — a renúncia à compensação ou remuneração — pretende evitar a vingança e reforçar a gratuidade. Paralelamente, acaba por fomentar pensamentos e emoções positivas, como a compaixão, a alegria compassiva, a equanimidade, a amabilidade, o *loving-kindness* etc. Tratar-se-ia de um verdadeiro "virar de página", como se nada tivesse ocorrido, sem dignificação do ofensor e sem enriquecimento dos envolvidos, nem da relação. Quem perdoa deverá empregar ferramentas de controle emocional — de tipo meditativo, por exemplo — para "esfriar" o círculo vicioso e, por fim, dissipá-lo. Se formos coerentes com a definição genuína de perdão, este método não parece responder exatamente a ela, embora possa ser eficaz para a paz, para o bem-estar e para a saúde mental das pessoas e da sociedade.

No judaísmo também existe o perdão, embora neste caso as normas estabelecidas limitem as possibilidades de concedê-lo e estabeleçam as condições indispensáveis para ser exercido. Historicamente, o povo hebreu se guiava, entre outros princípios, pela célebre Lei de Talião, resumida no expressivo "olho por olho, dente por dente": "Todo aquele que ferir mortalmente um homem será morto. Quem tiver ferido de morte um animal doméstico, dará outro em seu lugar: vida por vida. Se um homem ferir o seu próximo, assim como fez, assim se lhe fará a ele: fratura por fratura, olho por olho e dente por dente. Sofrerá o mesmo que ele fez ao seu próximo. Quem matar um animal restituirá outro, mas o que matar um homem será punido de morte" (Lv 24, 17-21). Esta lei não incentivava a vingança como algo bom: tratava de determinar o que era justo.

Interpretações rabínicas posteriores insistiram no papel--chave do arrependimento (*teshuvá*) para obter o perdão — não bastam os sacrifícios, nem a reparação do dano etc. No caso das ofensas ao próximo, o perdão divino está subordinado ao da pessoa ofendida previamente. Apesar da gratuidade da ação divina, é preciso pedir e obter o perdão do ofendido. Por isso diz o Talmude: "Peçam-lhe até três vezes que perdoe; caso mesmo assim se recuse a perdoar, já cumpristes vosso dever..."; e, por parte do ofendido: "O homem que não perdoa quando se lhe pedem desculpas até por três vezes é considerado cruel" (*Midrash*). As normas para obter a *teshuvá* são mais exigentes quando o mal é cometido de forma voluntária. Na época do Templo, usava-se o bode expiatório para expiar todos os pecados do povo, no Dia do Perdão ou *Yom Kipur*, mas tal costume se referia a um arrependimento (*teshuvá*) coletivo que iria de encontro ao que antes se expôs. Em todo caso, nos dez dias anteriores ao Dia do Perdão, cada pessoa devia executar atos de arrependimento, mostrar-se arrependido e pedir perdão aos que tivesse ofendido, bem como tomar iniciativas positivas que reparassem o mal cometido. Sem isso, o Dia do Perdão perdia a sua eficácia[17]. Por fim, também se entende que, quanto mais compreensivo alguém for com os demais, mais Yahweh será com ele próprio.

O islamismo, por sua vez, ensina que Alá é "o misericordioso" e, portanto, a fonte de todo perdão. Exige o arrependimento do ofensor, embora, a depender do mal cometido, o perdão possar vir diretamente de Alá ou da pessoa ofendida. Segundo o Corão, só há um pecado que Alá não perdoa de forma alguma: a conversão a outro Deus,

17 Como curiosidade: no dia do sepultamento, um representante da comunidade pede perdão publicamente ao falecido pelas ofensas que ele sofreu por parte dos outros, a fim de que possam ser perdoados.

a não ser que o convertido volte ao islã e implore o perdão com sinceridade. Em princípio, a atitude recomendada pelo Corão quanto ao infiel não é a violência: ele aconselha, na medida do possível, perdoar mais do que atacar; de fato, define os fiéis como aqueles que "evitam pecados e o vício, e que perdoam quando são ofendidos". O Corão também reconhece que é razoável aplicar um castigo justo ao ofensor e que quem perdoa será recompensado por Alá. Como se sabe, o problema está nas diferentes interpretações do Corão, pois não há uma fonte única de interpretação. Destas diferentes interpretações, surgiram no islã as maiores limitações ao perdão, chegando ao extremo das posições fundamentalistas.

As referências ao perdão de Deus são frequentes no Antigo Testamento, e há muitas ocasiões em que o arrependimento daquele que agiu mal é capaz de alterar a decisão divina. Nesse sentido, são abundantes as alusões à infinita justiça e misericórdia de Deus. O perdão divino exige o arrependimento sincero e, na maioria dos casos, uma satisfação mediante a penitência, normalmente em forma de sacrifícios. Por outro lado, embora seja patente a bondade e conveniência do perdão entre os homens, suas referências e exemplos são menos frequentes.

Com a vinda de Jesus Cristo, há um salto decisivo em relação ao Antigo Testamento[18]. O Filho de Deus se encarna e morre na Paixão como manifestação de sua vontade de perdão e amor infinitos. O perdão é um testemunho de que o bem — o amor — é mais forte que o mal — o pecado.

A ofensa a outrem também é uma ofensa a Deus, e portanto devemos pedir perdão a ambos. Perante Deus, foi instituído o sacramento da Confissão, no qual obtemos

18 Um bom resumo da visão do perdão da Igreja Católica está nos pontos 2838--2845 da Parte IV do *Catecismo da Igreja Católica*: "A oração cristã".

o perdão divino por meio da absolvição dada pelo sacerdote e podemos ter a certeza de sua realização. As fases do processo de perdão correspondem às do próprio sacramento: reconhecimento do dano; arrependimento — pesar pelo dano causado; sua manifestação ou solicitude; compromisso de não repeti-lo; e reparação. Se o amor de Deus é infinito, tudo é perdoável. A atitude de Deus é de perdão permanente e irrestrito, contanto que nos arrependamos.

No que se refere ao perdão entre os homens, insere-se uma dimensão nova, que pode ser resumida como uma superabundância, numa tentativa de imitar a Deus[19].

O perdão cristão, longe de esquecer ou reprimir o dano ou a dor, exige que se conheça a verdade. Como afirma João Paulo II: "Não se trata de esquecer o sucedido, mas de o reler com sentimentos novos, aprendendo precisamente das experiências sofridas que só o amor constrói, enquanto o ódio produz devastação e ruínas"[20]. Quanto à vingança, o cristão vai além da "lógica" de devolver o mal recebido ou mesmo da pura contenção, situando-se, antes, na "lógica do amor", que leva a amar os inimigos[21]. Não se renuncia, pois, à justiça, como afirmou João Paulo II na mesma mensagem: "É evidente que a exigência tão generosa em *perdoar não anula as exigências objetivas da justiça*. A justiça bem entendida constitui, por assim dizer, a finalidade do perdão". Novamente a superabundância — neste caso,

19 "O revelador do papel do perdão na esfera dos assuntos humanos foi Jesus de Nazaré. O fato de Ele ter feito esta revelação num contexto religioso e tê-lo articulado numa nova linguagem religiosa não é razão para considerá-lo com menos seriedade quando num sentido estritamente secular" (Hannah Arendt, *La condición humana*, Paidós. Barcelona, 2005, p. 258).

20 João Paulo II, Carta encíclica *Dives in misericordia* João Paulo II.

21 "Não precisei aprender a perdoar, porque o Senhor me ensinou a amar" (São Josemaria Escrivá, *Sulco*, Quadrante, São Paulo, 2022, n. 804).

da justiça. Não devemos apenas fazer que se cumpra, por exemplo, a condenação civil, se for o caso, mas também promover o que é mais justo, como perdoar aquele que é suscetível de praticar o mal. A decisão de fazê-lo, no caso do cristão, faz parte da sua atitude de imitar Jesus em seus "setenta vezes sete". Ou seja, perdoo sempre e a todos porque, assim como há unidade no amor — amar a Deus e a todos como a si mesmo —, também deve haver unidade no perdão. Outro ponto de superabundância está na separação entre ofensor e ofensa. Aqui transborda o cristão ao tratar o ofensor como filho de Deus, o que de fato é[22]. É preciso realmente rezar pelo ofensor, pois no fundo quero que Deus também o perdoe. Isto o dignifica e nos permite distingui-lo da ofensa, remover a culpa do centro da ofensa a fim de permitir a entrada do amor-perdão[23]. A distinção entre o ofendido e a ofensa também é beneficiada pelo convencimento de que a ofensa fere especialmente a Deus, o mais ofendido de todos, o que me leva a consolá-lO e a não me deixar perturbar pela dor da ferida, nem por um vitimismo que facilmente geraria rancor. A gratuidade talvez seja um dos aspectos em que melhor se percebe a superabundância, visto que, se nasce do amor, nada exigirá em troca, sobretudo se consideramos que eu provavelmente fui ainda mais perdoado por Deus.

22 "Na economia do dom, há uma superabundância que supera a ética; o outro é, portanto, meu semelhante ou meu próximo, o objeto de solicitude, respeito e admiração; deve ser amado apesar de suas carências, sem se esperar nada em troca e dando-se-lhe o perdão gratuitamente..." (H. L. Cervantes, *Carácter y promesa en la forja de la identidad: Algunas consideraciones a partir de la Antropología de Paul Ricoeur*, Académica Española, Leipzig, 2011, p. 66).

23 "Estou plenamente consciente de quanto o perdão possa parecer contrário à lógica humana, que obedece frequentemente a dinamismos de contestação e represália [...]. E, se a Igreja ousa proclamar aquilo que, humanamente falando, poderia parecer uma loucura, o faz precisamente por causa da sua confiança inabalável no amor infinito de Deus" (João Paulo II, Mensagem para a Jornada Mundial da Paz, 1º de janeiro de 1997).

Por fim, o esforço de empatia e compreensão se empobrece ao lado do amor a quem me ofendeu. O ofendido perdoa e reza pelo ofensor, num esforço para que o coração dele se converta e não ofenda mais, fazendo-se coerente com sua realidade de filho de Deus.

O processo do perdão

"A ofensa deve ser desculpada, reparada e, assim, superada. O perdão custa algo, sobretudo a quem perdoa: deve superar, em seu interior, o dano recebido, deve como que cauterizá-lo dentro de si e, com isso, renovar-se a si mesmo, de modo que esse processo de transformação, de purificação interior, logo alcance também o outro, o culpado, e assim, com ambos sofrendo profundamente o mal e superando-o, saiam renovados."

Bento XVI

Na manhã do dia 30 de julho de 2009, o ETA assassinou em Palmanova, Mallorca, dois jovens guardas civis: Diego Salvá e Carlos Sáenz de Tejada. No caso de Diego, coincidia que nesse dia se reincorporava ao serviço após uma longa ausência, ocasionada por um acidente de trânsito que o pusera em coma por várias semanas. A mãe de Diego — Monserrat —, depois de recordar e reconhecer que "a dor e o pesar da ausência não se esquecem nem se apagam, mas com eles se aprende a viver, como alguém que ficou cego após um acidente", comentava: "Não se pode viver com ódio; viver com ódio é viver numa prisão da qual é preciso sair o quanto antes. A prisão é para os assassinos. Eu não a quero nem para mim, nem para os meus. Certo dia decidi perdoar, e isso me fez muito, muito bem"[1].

---

1 Nessa mesma entrevista, ela acrescenta que, "por outro lado, penso que é natural a uma mãe dar a vida, comunicar vida. *Não é da sua natureza comunicar ódio, rancor e vingança. Isso só gera tristeza e morte. Recuso-me a transmitir isso para os meus filhos*".

Perdoar é inicialmente uma decisão, um ato da vontade, porém a realidade é mais complexa. Não se trata de um mero "ato". É preciso querer perdoar, sim, mas às vezes não basta querer. Na verdade, um perdão voluntarista, "do caminho mais rápido", alcança facilmente o fracasso. Com frequência, o "ver-se obrigado a" fazê-lo, longe de gerar paz e libertação, gera raiva, sentimento de impotência e desejo de esquecimento, como se esta fosse a única saída.

O perdão pode ser entendido como um estado ou resposta a uma ofensa particular. Essa resposta se realiza segundo uma série de fases que completam um processo. Mas há outra forma de aproximar-se do perdão que consiste em vê-lo como uma disposição habitual, seja dentro de uma relação específica com outra pessoa[2], seja como atitude geral e universal.

Neste capítulo, abordarei o processo de perdão como uma sucessão de etapas cuja duração será maior ou menor, a depender da pessoa ou da ofensa.

Às vezes, o indivíduo fica estagnado em alguma fase. A "ferida segue aberta", o ciclo não se rompe e crescem a dor e o ressentimento pelo fracasso do perdão. Noutras vezes, opta-se por um substituto do perdão, cujo fim, infelizmente, em geral não é tão positivo. Trata-se daquelas pessoas que, após avaliar o dano, justificam-no ou o negam, ou ainda esquivam a visão diante da dificuldade de seguir em frente. Por fim, alguns perdoam de forma quase instantânea. Tendem a ser pessoas de grande qualidade humana e grande capacidade de querer bem, como o caso de uma mãe ou um pai que se perdoam mutuamente ou perdoam a um filho.

---

2 Alguns autores denominam *diádico* a atitude de perdão na relação entre duas pessoas, especialmente na relação conjugal; e perdão *disposicional* quando se refere a essa atitude com todas as pessoas.

Segundo os especialistas, as fases desse processo são variadas. Algumas não serão estritamente necessárias — embora convenientes — para o êxito do processo. Consideremos, enfim, o modelo mais frequente do perdão: alguém produz o dano e outro o recebe. Nesses casos, o processo pode ser resumido em oito fases:

1. Após a agressão, a primeira fase é *o reconhecimento e identificação do dano.* Tenho ciência de que alguém me prejudicou, embora talvez ainda não identifique quem, e vejo ou intuo que esse dano foi cometido com má intenção. Poderei renunciar à vingança, mas não à verdade nem à dor. Perdoar exige um esforço de introspecção diante da convulsão interna que se produz após o dano. Se o dano for pequeno, se não superar um nível mínimo de prejuízo, provavelmente não chegue a precisar sequer ser perdoado.

Esse primeiro passo implica em "avaliar os danos", e para tanto o ideal é distinguir emocionalmente dano e agressor. Isso ajuda a objetivar o dano e a chamá-lo pelo seu nome; ao mesmo tempo, impede que, dali em diante, a ofensa se identifique com o ofensor. É muito importante encarar o dano com objetividade para poder perdoá-lo. Quem sente a dor causada por um disparo e, com assombro, vê a ferida produzida, apalpa-se para confirmar sua percepção.

Essa objetividade é ajustada pela subjetividade humana, a qual permite que tanto a dor inicial quanto o possível ressentimento posterior venham a depender mais da resposta emocional do ofendido do que do dano em si.

2. Na segunda fase, o dano e a dor consequente foram objetivamente reconhecidos; concluo então que foi causada

por outro. Ao avaliar objetivamente o dano, abrem-se as portas para o segundo passo essencial: *separar o dano ou a agressão do agressor.* Voltando ao exemplo do disparo, quem o recebe tenta localizar sua procedência. Nesse instante, avalio o agressor e olho seu rosto, tentando detectar os motivos[3]. É evidente que, conforme a expressão que vejo em seu semblante, será mais fácil ou difícil para mim avançar no processo do perdão.

3. A pessoa pode então *decidir se quer perdoar e renunciar à vingança.* Já conheço o dano e fiz uma primeira avaliação do agressor. Ao mesmo tempo, continuo sentindo a dor como um objeto pungente, que me recorda a necessidade de tomar uma decisão. Posso optar pela vingança, a fim de dar vazão ao ódio, ou posso tentar perdoar.

Escolher a vingança ou o ressentimento é mais comum do que parece e engendra a transformação do ofendido em ofensor, e vice-versa. Esse fogo cruzado leva o indivíduo a desenvolver, de uma só vez, os dois papéis: de vítima e de algoz.

Caberia ainda uma opção intermediária: a do que fica doído e não quer nem perdoar, nem ser ressarcido pelo dano sofrido. Os que optam pela vingança tenderão a lembrar-se da ofensa recebida, alimentando o ciclo de raiva e dor e, com ele, o rancor e os desejos de vingança: sente-se impelido a "ir atrás do agressor", embora isso signifique "sangrar" mais rapidamente. Essas emoções negativas são consequência direta do dano recebido e da dor experimentada. A dor é necessária para que o perdão

3 "[...] o verdadeiro perdão implica olhar o pecado sem rodeios, sua parte indesculpável; após se descartarem todas as circunstâncias atenuantes, vê-lo em todo o seu terror, baixeza e maldade e reconciliar-se, apesar de tudo, com o homem que o cometeu" (C. S. Lewis. *El perdón y otros ensayos*, Andrés Bello, Barcelona, 1998).

tenha sentido, mas junto a ela se associam outras emoções negativas — ódio, humilhação, raiva etc. — que deverão ser eliminadas ao longo do processo.

Se alguém esquecesse o dano e as emoções negativas a ele associadas, não haveria possibilidade de perdoar. Com o processo do perdão dá-se que, após perceber as emoções negativas, escolho superá-las, renunciando à vingança. Essa decisão essencial implica ponderar diversos elementos, os quais indicaremos adiante (quem praticou a ação, qual pode ter sido suas intenção, que consequências pode ter para mim etc.). Talvez não seja possível, para mim, eliminar por completo essas emoções — certos desejos ou impulsos de vingança, por exemplo — e/ou pode ser que retornem algum dia; mas, uma vez determinado a perdoar, já existe em mim a disposição de dominá-los no futuro.

4. Uma vez que já fiquei "frente a frente" com o agressor e decidi não me vingar, começa a fase de maior esforço. Acabo de receber uma força negativa, que me atinge de fora, de modo imerecido, e decidi contrariá-la. Para isso, devo recorrer ao meu "arsenal" — de amor, compreensão, benevolência etc. — a fim de pôr em ação uma "corrente positiva" para fora, para o centro de origem desse mal, de forma deliberada. Não se chega a isso espontaneamente. Quando decido perdoar, substituo meu gesto inicial — que é uma mistura de dor, contradição e surpresa — por um gesto de aproximação. Como mencionamos, a feição do agressor me ajudará (ou não) a avançar neste processo. Essa tentativa de empatia, de abrir o coração para comunicar-me com o agressor, é um dos passos mais difíceis do processo e implica um primeiro objetivo de *dignificar o agressor.*

Poderíamos achar que é preferível desconsiderar as intenções do agressor. Mas em geral não é assim. Preciso de um ponto de apoio, embora procure ser benevolente com suas intenções. O dano é objetivo e deve ser emocionalmente "colocado" em alguma "estante". Quando analiso a motivação do ofensor, entra em jogo o que, na psicologia, chamam-se atribuições: *atribuir* é aplicar, sem conhecimento seguro, fatos ou qualidades a alguém ou algo. As atribuições acerca de uma conduta, no caso uma ofensa, podem ser externas ou situacionais (quando nos apoiamos em algum aspecto externo), ou internas ou disposicionais (quando nos baseamos numa característica ou intenção do agressor).

Geralmente damos mais valor às atribuições internas, o que dificulta o perdão — por exemplo, quando penso que alguém "não foi pontual por falta de interesse", em vez de pensar que pegou trânsito. Também posso tender a imaginar situações estáveis, em vez de contextuais: "Não foi pontual porque sempre perde a hora", em vez de pensar que "desta vez, não foi pontual". Por último, podem-se atribuir motivações gerais, e não específicas: "Fulano não é só impontual: também não tem educação".

Um exame assim pode me ajudar a compreender que a dor que sofri deve-se não só ao dano em si, mas ao que esse dano representa para mim, de modo que a outra pessoa pode não saber o grau de dor que a ofensa me provocou. Tudo isso me ajudará a separar ofensor e ofensa. Todo ser humano é maior que a sua culpa. Assim recorda J. Burggraf ao reproduzir a carta aberta de Albert Camus aos nazistas: "E, apesar de vocês, continuarei a amar o homem. Esforçamo-nos por respeitar em vocês o que vocês não respeitam nos demais"[4]. Nesse caso, valorizo o ofensor em sua dignidade como pessoa — ele é como eu — e em sua

4 Albert Camus. *Cartas a un amigo alemán*, citado em J. Burggraf, "Aprender a perdonar", Documento Almudí, 2004.

defectibilidade, que o faz agir mal como também eu poderia fazê-lo. É como se dissesse: "Não, você não é assim. Seja quem você é! Você é muito melhor do que isso".

Por trás da pessoa que agrediu há outra capaz de mudar, de não ofender. Com efeito, quando perdoo, não só purifico a memória ao saldar a culpa pendente, como também manifesto uma atitude benevolente para com o ofensor.

Essa nova perspectiva relacional, enriquecida após a dignificação do ofensor, enriquece indiretamente e dignifica aquele que perdoa. Não confundir o culpado com a culpa constitui a base do valor moral do perdão e facilita a renovação do coração.

É claro que quanto maior a ofensa mais difícil é, para mim, dignificar meu ofensor, já que será igualmente mais difícil que eu também me considere "capaz" de executar a mesma agressão. Em todo caso, com esta última fase consegui deixar para trás o dano e o desejo de vingança e transformar seu poder destrutivo numa força construtiva, pessoal, de aproximação e enriquecimento, que pode chegar a ser a mútua se ambos participarmos dela. Não se pode esquecer que geralmente a vingança prejudica não só o agressor, como também o vingador, fazendo-o provar do mesmo veneno. Como recorda um ditado chinês: "Quem busca vingança deve abrir duas covas".

5. O *arrependimento* não é estritamente necessário para que se gere o perdão, mas ajuda em grande medida, sobretudo se o agressor manifesta expressamente o seu pesar pelo dano causado. Essa expressão deve incluir um reconhecimento nítido de sua autoria e seu pesar pelo dano produzido. Com isto, verifica-se novamente a distinção entre o agressor e sua ação, o que permite à vítima

continuar a se referir à agressão como tal, chamando-a pelo devido nome. Ao mesmo tempo, saber que o agressor está arrependido permite ao agredido identificar-se com a dor e a ambos compartilharem juntos da essência do perdão: a conversão do coração. Essa declaração de arrependimento pode não conter exatamente a fase seguinte, mas a deixa subentendida. Por conseguinte, se devo perdoar, posso "voltar" ali quantas vezes precisar, a fim de fomentar meu desejo de fazê-lo. Esses esforços por "revisitar" o arrependimento do meu agressor, ao contrário do ciclo de dano, dor e vingança, diminuirão progressivamente meu sofrimento e me ajudarão a separar agressor e agressão, permitindo-me recuperar a estabilidade emocional e o relacionamento mútuo[5].

Unido ao arrependimento, e condizente com ele, preciso me proteger do agressor. Trata-se de um reflexo de autodefesa. Emocionalmente, necessito de pelo menos um gesto — e, de modo geral, de uma promessa — que me garanta que o ato não se repetirá.

6. Com ou sem expressão do arrependimento, as fases anteriores permitem chegar a este ponto no qual se dá uma transformação da pessoa que perdoa — o agressor já se modificou ao se arrepender — e que alguns denominam *mudança* ou *conversão do coração*[6]. Em certas ocasiões, poderei reconhecer o momento em que perdoei; mas em

5 Poderíamos falar em perdão explícito, caso em que há uma manifestação expressa de perdão, e implícito — mais apropriado a pequenas ofensas —, como se se dissesse: "não faz mal", ou "não tem problema".

6 A tradição cristã utiliza o termo grego *metanoia*, que literalmente significa mudança do conhecimento, mas que foi aplicado à mudança ou conversão do coração em seu sentido mais pleno e profundo. Esta *metanoia* nem sempre decorre de um sentimento de culpa ou arrependimento, mas tem como finalidade uma mudança para melhor, na direção correta.

outras isso ocorrerá de forma paulatina, sem consciência clara do momento em que o perdão foi concedido. Trata-se de um processo semelhante ao de ir perdendo a vergonha para agir de determinada forma. À medida que meu coração se transforma, desaparecem o ressentimento e a rejeição à outra pessoa, ao que eu me liberto do nó que me ata à ofensa sofrida. Dá-se uma autêntica transformação, a qual envolve o surgimento de pensamentos positivos sobre aquela pessoa — pensamentos que não negam, insisto, a realidade e maldade do dano causado —, de emoções que tornam o ofensor mais amável, ou ao menos mais digno, aos meus olhos; do mesmo modo, florescem comportamentos que envolvem ou permitem maior aproximação no trato com ele.

7. A conversão do coração pode estancar as feridas e recuperar a situação anterior, mas também reforçar ou enriquecer a relação preexistente. Com a mudança do coração, portanto, *se estabelece uma nova relação* entre o perdoado e o que perdoa, relação esta que não existia ou que se vê modificada. Esta nova relação, como o próprio perdão, pode ou costuma abarcar sentimentos, mas não se reduz a um conjunto deles. Posso não senti-lo emocionalmente, sem que isso, porém, lhe retire autenticidade; aliás, este perdão ainda não emocional chega a valorizar ou engrandecer a minha atitude. Para gerar esta nova relação, devo ter um mínimo de flexibilidade — as coisas não precisam ser como antes — e também de criatividade, a fim de gerar uma nova perspectiva de relacionamento interpessoal. A conclusão é que não só o agressor e o agredido se enriquecem e se dignificam, como também a relação entre ambos.

8. Por fim, embora não seja necessário, supõe-se que o processo se conclua com uma *manifestação expressa de perdão por parte do ofendido.* Entende-se que, embora possamos perdoar alguém que não esteja presente, ou mesmo que tenha falecido, ao se tratar de uma realidade que gera uma nova e mais rica perspectiva de relacionamento, o lógico é que haja uma formalização, uma expressão externa desse perdão. O amor e o perdão tendem a se manifestar.

Idealmente, ao expressá-lo eu deveria deixar claro que sofri uma dor e um dano, mas que perdoo o ofensor no uso de minha liberdade e confiando em que não voltará a fazê-lo. E a minha haveria de ser uma atitude humilde, e não de superioridade moral, compartilhando a dinâmica do perdão da qual eu mesmo me beneficiei em outras ocasiões. Quando digo a meu ofensor tê-lo perdoado, neste mesmo ato, além de reconhecer sua dignidade — ele e sua má ação não se identificam —, estou lhe afirmando a possibilidade de ser absolvido. Absolvo-o de uma culpa que eu, como pessoa, não consigo remover, mas que já não lhe pesará; se ele se separa de sua ação, se reconhece a própria culpa e a distingue de si mesmo, se libertará do nó que o prende a ela. No momento em que o perdoei, também eu me libertei desse laço. Definitivamente, se ambos nos desprendemos da ofensa, ela "desaparecerá no vazio".

Quem é capaz de perdoar?

"Na vida só se aprende a perdoar quando, de nossa parte, precisamos que muito nos perdoem."

Jacinto Benavente

"Enfim, piedosa ouviu minhas queixas, e quis consolar-me com as próprias; juiz que fora delinquente, que facilmente perdoa!"

Calderón de la Barca

O perdão é um ato da vontade pelo qual alguém decide livremente, perante um dano objetivo infligido intencionalmente por outra pessoa, devolver a ela, em contrapartida, uma demonstração de compreensão e amor que anula o sinal do dano recebido e pode até mesmo fortalecer essa relação interpessoal.

Uma vez aceita esta definição, parece evidente que só as pessoas são capazes de perdoar. Tratando-se de um ato livre, de uma decisão livre, subentende-se que precisa haver, em primeiro lugar, capacidade de perceber o dano e reconhecer o ofensor. Por isso, a única pessoa essencialmente competente para perdoar, em sentido próprio, é a que foi vítima do dano, e não uma terceira. Mas será que posso perdoar em nome de outro? Existe a possibilidade de que um grupo de pessoas perdoe a um ou mais indivíduos? E, por último, faz sentido "perdoar" a si mesmo?

A questão do perdão coletivo

Embora o perdão seja um fenômeno essencialmente pessoal, a realidade é que a maioria das ofensas graves são cometidas de forma coletiva. Trata-se de situações em que um indivíduo prejudica a coletividade — por exemplo, quando um terrorista comete um atentado contra várias vítimas. Uma tal situação, no entanto, poderia apresentar-se como a soma dos processos individuais de perdão de cada um dos agredidos. Mais complicado é quando um coletivo agride outro, isto é, que uma sociedade perdoe um grupo de malfeitores, ou um país a outro etc.

Nestes casos, podemos falar de responsabilidade compartilhada? Como se julga e se perdoa? A reparação também deve caber a toda a coletividade? Quem decide se o dano causado foi reparado? Para alguns autores, este problema está enquadrado no âmbito mais amplo da responsabilidade moral coletiva, um aspecto que excede as pretensões deste texto. Em todo caso, no momento de considerar a culpa ou responsabilidade de um grupo como sujeitos de perdão, talvez seja mais acertada a noção de "responsabilidade compartilhada"[1]: cada pessoa em particular tem sua proporção de culpa, segundo sua situação no grupo, sua capacidade de decisão etc. Nesses casos, cada pessoa deve vivenciar seu próprio processo de perdão, que certamente será facilitado pelo perdão coletivo. Alguns estudos sociológicos sugerem que a maioria das pessoas admite a possibilidade de que um grupo de pessoas perdoe outro grupo. O motivo fundamental disso estaria em obter a reconciliação e libertar-se de um peso social capaz de tingir e alterar a convivência por tempo

1 M. Crespo, *El perdón*, Encuentro, Madri, 2004.

indefinido. Como ocorre no perdão pessoal, uma declaração — neste caso formalizada — de arrependimento e uma reparação concreta — não há por que ser proporcional ao dano causado —, embora não sejam imprescindíveis, são bastante convenientes. Também é importante que o coletivo que perdoa deixe clara sua decisão como grupo, mediante um manifesto ou recolhimento de assinaturas, por exemplo.

Um exemplo de perdão coletivo relativamente recente é a carta que Bento XVI escreveu em 19 de março de 2010 aos católicos da Irlanda, mais especificamente às vítimas de abusos sexuais por parte de representantes da Igreja no passado. Essas situações haviam se tornado públicas num relatório recente. Com esta carta, o Papa se somou ao pedido de perdão a fim de ajudar os ofendidos a perdoar, propondo a todos um processo coletivo. Esse processo pretendia ser um caminho de "cura, renovação e reparação", palavras que compendiam o alívio da dor do ofendido, a renovação do coração do ofensor e o ódio e desejo de vingança das vítimas, bem com uma reparação que confirmava e concluía o processo de perdão, como garantia de arrependimento.

Vale a pena observar o tom da carta: trata-se de um documento público que utiliza alguns termos pouco formalistas, com grande conteúdo humano e carga emocional[2]. Nesse sentido, o Papa reconhece os fatos sem poupar adjetivos ("crimes abomináveis", "atos criminosos", "a gravidade desses delitos", "graves erros de juízo", "falhastes gravemente") e deixa claro o componente de injustiça ("foi traída a vossa confiança e violada a vossa dignidade"; "resposta muitas vezes inadequada"). Ao mesmo tempo, desde o primeiro parágrafo

2 Outro bom exemplo nesta linha é a homilia de João Paulo II do dia 12 de março de 2000, por ocasião da Jornada do Perdão do Ano Santo.

("fiquei profundamente consternado"), empatiza-se com as vítimas. Porém, como fica evidente no parágrafo seguinte: "Sofrestes tremendamente, e por isto sinto profundo desgosto. Sei que nada pode apagar o mal que suportastes; [...] ninguém vos ouvia [...]; deveis ter sentido que não havia modo de evitar vossos sofrimentos".

Chama atenção as múltiplas vezes em que Bento XVI fazia referência aos sentimentos, sensações etc., num esforço de unir-se à dor das vítimas, tema central de qualquer tragédia humana e do processo de perdão. Essas afirmações de pesar, ao mesmo tempo que expressavam a realidade, facilitavam a compaixão por parte daquele que exerceria o perdão. Também ajudava o ofendido a vencer essa etapa com maior sensação de liberdade. Nesta linha, destacava que "é compreensível que lhes seja difícil perdoar a Igreja ou reconciliar-se ela".

Como o delito fora cometido por terceiros e Bento XVI escrevia na qualidade de representante máximo da Igreja, ele não podia pedir expressamente que perdoassem a ele próprio. Por isso, exortava aos que cometeram tais delitos a que oferecessem garantias de arrependimento, assumissem sua responsabilidade, manifestassem claramente sua dor e reparassem, no que fosse possível, o mal praticado ("deveis responder diante de Deus Onipotente, assim como diante de tribunais devidamente constituídos"; "reconhecei abertamente a vossa culpa, submetei-vos às exigências da justiça"). Finalmente, após analisar os possíveis fatores causais e propiciadores daqueles fatos, propunha soluções — realistas — para que eles não se repetissem no futuro.

Outro exemplo poderia ser a declaração de Hillary Clinton, Secretária de Estado norte-americana, em outubro de 2010, sobre o "Estudo de inoculação de doenças venéreas por parte do Serviço de Saúde Pública dos

Estados Unidos na Guatemala, entre os anos 1946 e 1948". O texto reconhece o dano objetivo e a desonestidade envolvida: "antiético"; "reprovável"; "sob o pretexto de saúde pública"; "violações atrozes"; "práticas abomináveis" etc. Ao mesmo tempo, expressa seu pesar: "estamos indignados"; "lamentamos profundamente"; "oferecemos nossas desculpas", com o que se pretende atrair e compartilhar a dor pelo dano causado. O documento também reconhece o aspecto positivo da relação mútua prévia e posterior ao fato ("valores compartilhados") e assegura que nada parecido acontecerá novamente: estavam "iniciando uma minuciosa investigação" e convocando "um corpo de especialistas internacionais" para assegurar que dali em diante se cumpririam as normas éticas de pesquisa.

Faz sentido perdoar a mim mesmo?

Com bastante frequência ouvem-se expressões do tipo: "Cada um deve aprender a perdoar a si mesmo". Se consideramos sua definição, só quem pode me perdoar é outra pessoa, a pessoa que eu prejudiquei. O perdão, assim como as promessas, está vinculado ao caráter relacional do homem, precisa da presença "do outro". É como se o dano causado me prendesse a essa pessoa por um nó que só ela pode desatar. Penso que, quando se fala em perdoar-se a si mesmo, faz-se um uso indevido da noção de perdão. Por isso, pode ser interessante analisar as circunstâncias em que o termo "autoperdão" é normalmente utilizado:

— *Quando fiz algo que me prejudicou ou deixei de fazer algo e sofri as consequências.* Por exemplo, se fui reprovado por não estudar. Neste caso, posso estar chateado por não ter cumprido a minha responsabilidade. Posso estar arrependido do mal que causei a mim mesmo. Mas quem me perdoa? Se tenho fé, posso pedir perdão a Deus, mas aí não respondemos à pergunta. Entendo que, nesses casos, o processo não é de perdão, mas simplesmente de assumir a própria responsabilidade de forma madura. Trata-se de um arrependimento que deve culminar na decisão de não repetir o ato e que deve fazer parte de qualquer ocupação cotidiana de quem é consciente das próprias limitações.

— *Quando, apesar de meus esforços, não tive obtive em algo que eu me propusera lograr ou que acreditei que conseguiria.* Neste caso, sequer há um dano voluntário; não há responsabilidade ou culpa, razão pela qual é ainda menos adequado falar em perdão. Tratar-se-ia apenas de saber aceitar as próprias limitações. Não cabe perdão, tampouco arrependimento. Nesta acepção, motivados pela intenção salutar de ajudar a pessoa que não se aceita e nem conhece as próprias limitações, talvez usemos com frequência o verbo *perdoar-se* para dar a entender que, no fundo, pode tratar-se de falta de autoestima. Estaríamos falando em *autoperdão* para nos referirmos ao *amor a si próprio* — o que não deixa de ser, novamente, um uso impróprio do termo.

Pessoalmente, penso que esta expressão — "perdoar-se" — prosperou numa psicologia "idealista", que pretende ajudar a pessoa diante de aspectos derivados de condutas culposas ou de suas próprias limitações, como se a culpa não existisse enquanto tal. Trata-se de uma espécie de "emplastro" de carinho, quando não de autocompaixão, que primeiramente descentraliza o objetivo do perdão e logo depois o narcotiza, com uma "automassagem do ego". Portanto, em sentido próprio, não deveríamos falar em *perdoar-nos a nós mesmos*, mas em *arrepender-nos de algo* ou de *aceitar-nos como somos,* sendo tolerantes com o que houver de negativo ou de limitação em cada caso. Aceitar uma emoção ou *aceitar-me* não é *resignar-me*; de fato, a aceitação é um passo necessário para a mudança.

Posso perdoar em nome de outro?

No dia 14 de novembro de 2003, o *Daily Telegraph* publicou a notícia de uma cerimônia surpreendente ocorrida no outro extremo da Europa. Em Nubutautau, povoado em Fiji, havia-se celebrado um ato expiatório por alguns acontecimentos dados em 1867. Naquele ano, os canibais — habitantes da Polinésia daquele tempo — haviam assassinado e comido o missionário metodista Thomas Baker e sete nativos convertidos. Assistiram à cerimônia os descendentes do missionário e o primeiro-ministro de Fiji. Os habitantes do povo leram um manifesto em que, sem rodeios, pediam perdão aos familiares das vítimas, ao que se lhes foram oferecidos presentes. O primeiro-ministro falou em "choque de civilizações", ao mesmo tempo que reconheceu que "aqui imperava a estaca e os antigos deuses. Os que mataram e devoraram o reverendo Baker e seus seguidores acreditariam estar se defendendo contra ameaças a seu modo de vida. Viemos pedir perdão por aquele terrível momento da história". O arrependimento dos fijianos foi acolhido. Os descendentes do missionário aceitaram com sinceridade e sem objeções a mão aberta que lhes era estendida. Um deles afirmou que, para sua família, a recordação dessa tragédia fora como um peso esmagador e que um tal ato exigira um recomeço.

Como já se disse, só a quem sofreu o dano cabe oferecer e conceder perdão ao ofensor. Em todo caso, entendo que, se o dano foi infligido a uma pessoa muito próxima de mim, com a qual me "compadeço", também posso estar sofrendo de alguma forma esse dano e posso estar em posição de perdoar o ofensor. E posso fazê-lo independentemente de se a pessoa a quem o dano fora causado tenha perdoado ou não. Isto ocorre, por exemplo, quando alguém prejudica uma criança. Nesse caso, seu pai, que o ama e compartilha de suas alegrias e tristezas, também padece do dano sofrido e se encontra, portanto, em condição de perdoar o agressor. Evidentemente, o dano recebido diretamente pela pessoa agredida não é igual ao de um terceiro — neste caso, o pai do ofendido —, o que faz com que se trate de dois modos distintos, mas igualmente válidos, de perdão.

O objeto do perdão: o que se deve perdoar?

> *"Grande parte de uma desgraça consiste, por assim dizer, na sombra da desgraça, em refletir sobre ela. Ou seja, no fato de que alguém não se limite a sofrer, mas se veja forçado a seguir considerando o fato de que sofre."*
>
> C. S. Lewis

Recentemente, a imprensa ecoou a história de Pietro Maso[1]. Em 1991, somando apenas dezenove anos de idade e com a ajuda de alguns amigos, Pietro assassinou os pais para ficar com a herança. Durante os anos anteriores, havia sido um menino mimado, que gastava tempo e dinheiro sem controle — mas ainda queria mais. O perito incumbido de fazer a avaliação para o julgamento destacou sua personalidade narcisista e egocêntrica. Como o próprio Pietro manifestaria posteriormente, "naquele dia entrei no túmulo com minha mãe e meu pai". Suas duas irmãs — Nadia e Laura — não acreditavam no que tinha acontecido: estavam destroçadas e convencidas de que jamais conseguiriam perdoá-lo. A ajuda de um sacerdote que não considerava Pietro um caso perdido, o passar do tempo e as convicções religiosas das duas acabaram alcançando o que parecia impossível: a conversão do coração dos três. Dezessete anos depois, elas puderam perdoá-lo e reconstruir a relação com o irmão que consideravam perdido.

---

1 R. Regoli, *Il male ero io*. Mondadori, Milão, 2013.

O objeto do perdão é *um mal causado de forma intencional*. O ofendido não pode perdoar o mal ao qual a ofensa está associada na mente do ofensor, nem as intenções deste, pois, entre outras razões, nunca o conhecerá em sua integridade[2].

A dor que me leva a perdoar pode ser produzida após uma ofensa vinda de fora, como no caso de Pietro; ou, ainda, após uma ofensa acerca da qual eu exagero ou sinto uma dor desproporcional segundo as referências externas. Mas também pode se tratar de ofensas imaginárias, nas quais realmente não haja nada nem ninguém a ser perdoado.

O que perdoo é um dano objetivo, a ação em si, embora ambas figurem na mesma ação. Posso perdoar alguém precisamente porque me causou um dano, um mal objetivo, de modo intencional. Logicamente, quando percebo que o dano causado por alguém não foi intencional, fica mais fácil perdoar, e de fato poderíamos dizer que essa pessoa *merece nosso perdão*. Nesse caso, seria mais apropriado falar em *desculpa* do que em *perdão*. Desculpa-se o inocente e perdoa-se o culpado. Só há perdão quando percebemos má intenção ou quando a ofensa é injustificada[3].

Tampouco faz sentido perdoar antes de a ofensa acontecer, ainda que o ofensor tenha manifestado a intenção de cometê-la. Enquanto eu não identificar o dano e sentir o peso da dor, não poderei perdoar o agressor de fato. Além disso fica evidente que, para merecê-lo, a ofensa deve ter um mínimo de substância[4]. Nesta avaliação

---

2 A repercussão que a maldade do ofensor tem sobre ele só pode ser reparada pelo próprio agressor.

3 Nas situações traumáticas, que desencadeiam uma reação patológica, uma das características do trauma que o tornam mais grave e nocivo é a percepção de alguma má ntenção ou crueldade.

4 Neste sentido, Derrida considera que "só há perdão onde houve algo imperdoável" (J. Derrida, *Le siècle et le pardon*, Le Monde des Débats, Paris, 1999).

existem diferenças entre as pessoas, pois algumas dão mais importância à falta de lealdade, enquanto há quem considere pior certa falta de respeito e outras que veem ambas as faltas como "imperdoáveis".

Mas será que realmente existem os atos imperdoáveis, aqueles aos quais alguns chamam "mal radical"? Que característica deve ter uma ofensa para ser imperdoável? *O imperdoável* sugere uma tensão entre a necessidade ou o desejo de perdoar e a justiça, que parece opor-se ao perdão. Seria como reconhecer que algumas feridas continuarão a sangrar eternamente. Em todo caso, e suscitada uma situação real, essa "imperdoabilidade" dependerá da pessoa que há de perdoar ou da essência do dano, como pode ser o caso de estupros, torturas, terrorismo etc.[5]

As limitações próprias daquele que perdoa estão reunidas em outras partes deste texto. Neste momento, abordaremos tão somente características do *imperdoável*. E, nisso, poderíamos conjecturar que é a essência do mal, sua quantidade ou qualidade, o que torna uma ofensa imperdoável. Mas quem determina esse limite? Além disso, se uma característica do perdão é a gratuidade, será que não estaremos falando de ofensas *irreparáveis*, em vez de *imperdoáveis?*

Por outro lado, a intensidade do dano e a qualidade do ofensor interagem entre si: se a ofensa é pequena, perdoa-se mais facilmente a pessoa querida ou com a qual se tem uma relação de compromisso do que a um desconhecido; mas, quando a ofensa é muito grave, esta ordem pode se inverter. Tanto num caso como no outro, as ofensas que supõem um ataque à integridade física, psicológica, social ou moral são normalmente matéria necessária do perdão.

5 Uma análise profunda da "imperdoabilidade" está no livro *Desafíos del perdón después de Auschwitz*, de Maria Dolores López Guzmán (San Pablo/Comillas, 2010).

Também poderíamos achar que seria a notória voluntariedade e intencionalidade que tornaria a ofensa *imperdoável*, como se se tratasse de dois fenômenos — ofensa e perdão — produzidos num mesmo momento ou de partes de uma mesma realidade. Para poder perdoar alguém, deve existir um mal objetivo, e só posteriormente se pode perdoar. Outras pessoas consideram a ausência de arrependimento expresso um motivo de "imperdoabilidade"; perdoar o outro nesses casos lhes parece falta de respeito da vítima para consigo mesma.

Temos outro agravante quando a ofensa se deve a uma ação de nítida irresponsabilidade de alguém no desempenho de sua função — a imperícias profissionais como erros médicos, que têm consequências diretas sobre a integridade alheia. Também seria preciso considerar, neste sentido, se as consequências negativas da ofensa permanecem ou se tornam crônicas, sob a forma de sequelas.

Por último, convém recordar que a objetividade do perdão exige, e aqui cabe o paradoxo, a subjetividade da ofensa. Se insulto um grupo de pessoas, algumas podem se sentir mais magoadas do que outras, e assim elas me perdoarão mais ou menos, em virtude do quanto se sentiram mais magoadas ou prejudicadas por minhas palavras. Nessa subjetividade entram atenuantes ou agravantes, como a crueldade ou a humilhação que tenham percebido[6].

Nem Nadia, nem Laura chegavam a entender como Pietro fora capaz de assassinar os pais por dinheiro. Só a

6 A reação de ira perante o dano é tão forte ao perceber o desprezo do ofensor que arruína a minha autoestima. Se alguém, oprimido por sua dor, me insulta, não me causa tanta ira. Se me ridicularizam por me confundirem com outra pessoa, isso acaba sendo mais tolerável. Mas, quando percebo o desprezo como uma flecha diretamente apontada para mim, a ira surge espontânea e abruptamente.

compreensão da imaturidade de seu irmão e a força atraente do mal, por um lado, e o arrependimento e carinho manifestados em múltiplos detalhes durante anos, bem como a fé de todos eles, possibilitaram o perdão.

O que o perdão não é

"O perdão é mais para se compartilhar do que para se conceder."

Jutta Burggraf

Ao falar sobre o perdão, é muito frequente que se descreva expressamente *o que ele não é*. Isto, além de ser uma forma de abordar uma realidade complexa, supõe também uma constatação do uso fraudulento que se fez, e ainda se faz, deste termo. Em nossa cultura, exceto nos casos em que se entenda que alguém esteja renunciando ao direito de se defender, perdoar continua sendo, felizmente, um valor positivo. Por essa razão, dedico esta parte à análise dos usos inapropriados da palavra *perdão*.

— *Perdoo, mas não esqueço; esqueço, mas não perdoo.* Para perdoar a alguém o dano que me causou, preciso estar consciente desse dano e reconhecer as emoções negativas que me produz: ódio, raiva, humilhação etc. Além disso, a única forma de perdoar alguém é sabendo e recordando esse dano. Dessa forma, o perdão pode ser considerado uma antítese do esquecimento. Em todo caso, quando se fala em esquecer, não se quer apenas dizer que o fato desapareça da minha mente, coisa que, em parte, dependerá da qualidade da minha memória. Com efeito, se algo desaparecesse da minha memória — por exemplo, por uma amnésia após uma acidente —, não poderia perdoá-lo.

Há situações em que o tempo ajuda o indivíduo a superar seu aborrecimento ou as emoções negativas geradas pela ofensa, mas sem que haja um processo de perdão. Neste caso, quem efetua a cura é o tempo, e não o perdão, pois não houve atitude perante o mal recebido nem perante o valor negativo que tinha para quem o sofreu. Num caso assim, seria perfeitamente válida a expressão "esqueço, mas não perdoo", pois, se já esqueci, não posso perdoar[1]. O perdão não se limita ao desaparecimento das emoções, do mesmo modo como a cura da ferida não consiste só em que ela não doa.

Numa perspectiva vital, a meta seria que minha relação com a pessoa que me causou o dano não fosse menosprezada após o perdão. Deveria ser como se nada tivesse acontecido. Esse perdão diria respeito mais ao perdão emocional do que ao intencional, como já vimos. O esquecimento propriamente dito — este, sim — tem mais a ver com o perdão. E mais: se o entendo como um processo, o perdão consumado e genuíno implicaria o esquecimento como sinal de garantia. Isso não significa que, mesmo tendo perdoado uma pessoa intencionalmente, eu já tenha conseguido — talvez nunca consiga — esquecer emocionalmente o fato por completo. Um processo de perdão pode durar a vida toda.

Desse ponto de vista, a expressão "perdoo, mas não esqueço", não contradiz o desejo de perdoar; pode inclusive aumentar o valor moral da decisão de querer fazê-lo enquanto percebo que ainda não esqueci. A afirmação, no entanto, poderia conter uma armadilha: quando sentencio "não esquecerei", dou a entender que não quero desatar o

---

1 Longe desta visão do perdão, mas perto da sua visão da pessoa e da existência, Jorge Luis Borges afirma: "Não entendo de vinganças nem perdões. O esquecimento é a única vingança e o único perdão".

nó que me prende ao dano causado[2]. Nesse caso, o perdão já não seria um processo de cura, mas a atitude imperfeita de alguém que oferece certa remissão, mas que, na verdade, não quer extirpar a culpa do ofensor. Tratar-se-ia de um perdão sem perdão.

Em suma, o perdão é um ato da vontade que decide *querer esquecer*, mas não tem seu êxito garantido. Parte do esforço por obter o perdão emocional consiste em me comportar como se eu tivesse esquecido. Se ainda não cheguei a esse ponto, devo continuar serenamente o meu esforço por perdoar durante o tempo que for necessário. Neste ponto, a "prova de fogo" do perdão genuíno e completo estará em que, ao recordar o acontecido, não reviverei a dor que sofri e, ao lidar com o ofensor, tratá-lo-ei como antes da ofensa.

— *Perdoar e negar*. É conhecido como um mecanismo de defesa o conjunto de atitudes, sentimentos e pensamentos, a princípio involuntários, que temos em reação a uma ameaça psíquica a fim de dar-lhe uma resposta adaptativa. Trata-se de estratégias repetitivas, "ativadas" de modo automático e desenvolvidas por cada pessoa com o passar dos anos. Por serem automáticas, não tenho consciência de até que ponto as utilizo, e nem há garantias da sua real utilidade. Poderia, portanto, ocorrer que um mecanismo de defesa, em vez de me ajudar a defender-me e adaptar-me, favoreça atitudes ou comportamentos ineficazes ou mesmo patológicos.

Teresa tem um casamento feliz e é mãe de quatro filhos. Procurou consultar-se a fim de pedir ajuda para lidar com a

2 Nas palavras de H. W. Beecher, famoso pregador norte-americano do século XIX: "'Perdoo, mas não esqueço' é apenas outra forma de dizer: 'Não perdoo'".

tensão que acumulava no dia a dia. No início do casamento, o trabalho de secretária se mostrava facilmente compatível com suas obrigações domésticas. Com a chegada dos filhos, viu que já não dava conta e ficava cada vez mais tensa e cansada. Tivera vários desmaios, que seu médico de família, após submetê-la a diversos exames, atribuíra ao estresse. Na primeira consulta já se via que, além do aumento objetivo da carga laboral e familiar, sua forma de ser contribuía com a tensão excessiva. Era muito exigente consigo mesma, precisava deixar tudo arrumado para ir para a cama e poder dormir tranquila, tinha muitas dúvidas e tentava resolvê-las pensando excessivamente sobre elas, era muito organizada e, como dizia seu marido, "limpava o que estava limpo". Com o passar das consultas, ficou cada vez mais evidente que havia um fundo de insegurança e de autoestima baixa levando-a a compensar seus profundos sentimentos de culpa. Se fizesse as coisas bem, poderia ficar tranquila, pois "ninguém" a recriminaria ou diria que estavam malfeitas. No caso de Teresa, esses sentimentos estavam arraigados em sua personalidade desde que era pequena. Embora afirmasse não se lembrar nada sobre a infância, pouco a pouco, como quem não quer delatar ninguém, foi recordando a saúde debilitada da mãe, que, mesmo nessas condições, criara oito filhos. Teresa era a mais velha. O pai, comerciante, passava grande parte do dia fora de casa, inclusive nos fins de semana. A mãe sofria tonturas e, com frequência, passava horas na cama; anos depois, soube que era devido às enxaquecas. Teresa fora educada com uma intensa autoexigência: "era uma segunda mãe", não teve adolescência — "não soube o que era quebrar um prato". Sempre lembrava que, muitas vezes, quando seu pai chegava em casa, perguntava: "Como está a sua mãe? Está tudo bem?". Hoje ela vê com clareza como tudo aquilo influenciou sua forma de ser e sente uma mistura de orgulho, por ter sido o apoio de seus pais, e de raiva, por não ter desfrutado daqueles anos. Está se esforçando para tocar seus deveres da melhor maneira possível — não, porém, em razão dos sentimentos de culpa, mas por sua vontade livre. Para isso, resolveu voltar a falar daquelas circunstâncias difíceis que "considerava esquecidas" e perdoar os seus pais — já falecidos —, entendendo terem sido parte do motivo, mas não os "culpados" por suas reprovações por seu perfeccionismo em relação a si mesma.

No caso do perdão, os mecanismos de defesa mais interessantes a considerar são a negação, a repressão e a projeção. Por meio da negação, a pessoa, de forma não plenamente consciente, nega a realidade — neste caso, a ofensa sofrida. Não quero dizer que é preciso se justificar com "razões" ou graus de intenção, e tampouco que a pessoa em questão *minta*, no sentido próprio da palavra[3]. Algo parecido acontece com a repressão, na qual "jogamos o fato para debaixo do tapete". Em ambos os casos, a pessoa "joga" para fora de sua consciência tudo aquilo — imagens, emoções, recordações etc. — que lhe é penoso, doloroso ou inaceitável, chegando a esquecê-lo, ou melhor, a *quase* esquecê-lo.

No mecanismo de *projeção,* atribuo a causa ou a culpa a outra pessoa ou circunstância, a fim de não encarar a real responsabilidade[4]. Nestes casos, a pessoa se esforça por

---

3 Recordemos que a definição clássica de mentira diz que mente alguém que, com a intenção de enganar, diz ou faz o contrário do que entende ser verdade ou do que afirma que faria. Em nosso caso, porém, a intenção não é propriamente enganar, mas libertar-se de um fardo.

4 Outros mecanismos mais patológicos e próprios de situações de despersonalização psicológica, como um sequestro prolongado ou uma situação de

desprezar a ofensa porque sofre uma dor que não suporta ou não quer suportar, em vez de enfrentar um processo de perdão. Ela venda os olhos para que a dor não a "distraia" e não encara a realidade do valor negativo existente no mal que lhe causaram, privando-se automaticamente da possibilidade de perdão.

Enquanto não tem "diante de si" o mal sofrido, a pessoa não percebe a necessidade de perdoar, ao que a ofensa permanece como um "corpo estranho" em seu organismo. Enquanto não o fizer de modo consciente e manifesto, a pessoa não poderá perdoar o ofensor. Além disso, ela pode muito bem acreditar que o corpo estranho permanecerá encapsulado, que não será notado e continuará ali por toda a vida... Mas a realidade é que sempre há um quê de consciência que influencia a própria pessoa e sua relação com o que está relacionado ao dano sofrido. Não se vê nem se ouve, mas *dói*.

Diferente da repressão, da negação e da projeção seria a *simulação*, que não é um mecanismo de defesa. Nela, a pessoa conscientemente "age como se" não tivesse havido dano nem dor: trata-se de uma pantomima do perdão e da realidade. Nesta mesma linha, não faz sentido justificar ou desculpar a outra pessoa para tentar não perceber a dor. Isso seria não objetivar o dano; e assim, na melhor das hipóteses, a oportunidade de perdoar estaria perdida e a cura, adiada.

Esses três mecanismos defensivos interiores são, enfim, diferentes modos de fugir da realidade, da intimidade e da dor. No entanto, toda dor negada acaba por retornar furtivamente pela porta dos fundos. Enfrentar um

---

maus-tratos, são a identificação com o agressor — Síndrome de Estocolmo — ou a certeza de algum merecimento teórico que justifique o tratamento sofrido.

sofrimento de forma adequada é imprescindível para se obter a paz interior.

— *Perdoar não é renunciar aos próprios direitos.* Quando perdoo uma pessoa por um fato concreto, faço-o livremente. Estou justamente exercendo uma das possibilidades que a liberdade me concede: o direito de perdoar outrem. Quem não é livre não pode perdoar. O perdão vai além do que exige a estrita justiça. Não anula o direito, mas o extrapola. Poder-se-ia dizer que esse excesso é infinito, no sentido de que se trata de um salto de categoria. Tenho o direito de ser respeitado, mas, se alguém me falta com o respeito, tenho o direito de perdoá-lo. É o inverso o que se dá em quem perdoa só porque se considera incapaz de defender os próprios direitos. Essa pessoa não goza de liberdade porque lhe falta autoafirmação, e por isso ela recorre a um perdão falso.

Por outro lado, posso perdoar uma pessoa que me prejudicou e exigir, ao mesmo tempo, que a justiça seja feita e ela seja condenada, se for o caso. Ademais, se não levo em conta a justiça, não valorizarei a carga objetiva do mal causado, o que pode dificultar ou impossibilitar que o perdoe; a dor se perpetuaria precisamente por se renunciar à justiça.

— *Perdoar não é uma demonstração de superioridade moral.* A imagem do imperador romano com o polegar para cima corresponde mais a um ato de clemência do que a de um perdão autêntico. Remove-se assim uma pena, justa ou não, mas isso não consiste necessariamente num ato de perdão. Se bem pudesse ser um ato de magnanimidade, também poderia ser um ato de arrogância. Talvez esteja mais próximo da indulgência, que o dicionário da Real

Academia Espanhola define como "a inclinação da pessoa para perdoar, dissimular erros ou conceder graças".

Conceder a graça do perdão — da pena — não é o mesmo que perdoar. Dizer "não ofende quem quer, mas quem pode", a alguém que me ofendeu até pode diminuir a minha dor, além de me servir como catapulta para devolver a ofensa, mas não é perdão. Do mesmo modo, apoiar-me no fato de que o ofensor seja ignorante talvez reduza um pouco a dor, mas nesse caso mais ficaria o ofendido humilhado do que o ofensor, perdoado. Como frisava o certeiro Oscar Wilde: "Perdoe sempre o seu inimigo. Não há nada que o enfureça mais". Aquele que perdoa demonstra uma envergadura moral e uma força interior que não deve ser confundida com manifestação de poder ou de superioridade sobre o outro. Destaca J. Burggraf: "Perdoo-lhe a ofensa cometida contra mim como ofensor que também sou. O perdão é mais para se compartilhar do que para se conceder"[5].

— *Perdoar não é mera decisão, não é mero ato da vontade.* Numa pessoa, a vontade nunca "caminha só". A decisão de perdoar pode ir no sentido contrário da emoção — da dor ou ira — que se sente. Contudo, não se trata de "exercer o perdão" *porque sim* ou por um imperativo legal ou categórico. O perdão deve ser *voluntário*, mas não *voluntarista.* Nele intervêm a inteligência, a memória, a imaginação, a sensibilidade etc. Não se trata de um fenômeno passivo: a pessoa deve querer fazê-lo porque foi prejudicada e porque fazê-lo lhe exige ir além do que poderia ser justo. Para que o processo de perdão funcione, é preciso não só um motor de "combustão", mas também um de "arranque",

5 J. Burggraf, "Aprender a perdonar", Documento Almudí, 2004.

capaz de vencer a inércia e opor-se à dinâmica negativa da agressão, de forma gratuita e livre.

Quem exerce o perdão é a pessoa em sua integridade, purificando sua memória, controlando sua imaginação e esforçando-se por conhecer melhor a realidade pessoal do ofensor. Quando digo "eu o perdoo", isto me ajuda a perdoar. Todavia, não basta dizer algumas palavras se estas não vêm acompanhadas de um comportamento equivalente. De modo algum se entende que um menino seja capaz de perdoar, ou obtenha essa capacidade, em razão do simples mecanismo de dar ou receber um beijo de sua mãe[6]. Esta espécie de *perdão mágico*, que no adulto seria puramente voluntarista ou procedimental, está longe do sentido genuíno do perdão.

— *Perdoar não é uma espécie de anistia ou remissão.* Ainda que o termo *perdoar* possa ser usado na linguagem comum para se referir a esta outra realidade, a anistia consiste na *suspensão de uma pena por um motivo externo.* Neste caso, o componente pessoal — a culpa, o arrependimento, o perdão etc. — fica em outro âmbito. A própria expressão — *decretar uma anistia* — faz-nos ver que procede de um ato concreto, de um papel assinado, do exercício de uma autoridade: não se trata de um processo de perdão entre pessoas.

Um modo especial de remissão é o daquele que se esforça por identificar os atos nocivos objetivos com um mero *lapso,* uma *falha técnica.* Nesses casos, perdoar seria reconhecer implicitamente que não houve mal — em última análise, reconhecer que não há nada a ser perdoado[7]. Como afirma Jankélévitch, tratar-se-ia de uma "desculpa

6 Trata-se de um fenômeno similar ao do feitiço analgésico do "passou, passou...", que garante resultados surpreendentes no aspecto emocional, enquanto o galo na cabeça continua sua inexorável marcha ascendente...

7 V. Jankélévitch, *El perdón,* Seix-Barral, 1999.

intelectual", e não tanto de perdão; afinal, caso a outra pessoa realmente não me tenha prejudicado, mais do que perdoá-la, preciso reconhecer a verdade da não existência de um mal infligido, com o que o perdão careceria de objeto. Em todos esses casos, estou me referindo sempre à pena, e não ao ato de perdoar o dano em si e ao valor negativo percebido pela pessoa. Em geral, *anistiar* ou *eximir uma pena* não constituem um *ato de perdão* em sentido genuíno, e na verdade podem até impedi-lo ou acabar gerando um mero simulacro.

— *Perdoar não é permanecer imperturbável.* Se houvesse uma tal possibilidade, com uma atitude próxima do nirvana ou do puro estoicismo, em que seria possível não sofrer nem padecer, teríamos um falso perdão. Não sentir qualquer dor física ou emocional poderia até impedir a identificação do mal e tornar o perdão impossível.

— *O ato de perdoar não significa tampouco que tudo voltará a ser como antes.* Já se disse que o esquecimento, no sentido mais pleno da palavra, é uma das características do perdão autêntico e consumado. Trata-se de viver e de me relacionar com a pessoa em questão como antes da ofensa, "como se nada tivesse acontecido". Mas nem sempre isso é possível, o que não significa que pareça bom para mim ou para o outro. A cicatriz deixada pela ofensa pode continuar me incomodando, embora eu esteja fazendo o possível para me curar por completo. Pior seria querer convencer a mim mesmo de que já não acolho emoções negativas, como se se tratasse de algo indecoroso. Um autoengano assim me distanciaria da liberdade necessária para avançar no perdão. Em todo caso, às vezes as coisas jamais voltam a ser exatamente como antes. O perdão, não obstante, me torna uma pessoa melhor, dignifica aqueles que participam dele e pode vir a reforçar meu relacionamento precedente com aquele que me ofendeu.

— *Perdoar não é o mesmo que se reconciliar:* a reconciliação é um ato entre duas pessoas, ambas protagonistas de um relacionamento enfraquecido ou rompido e que decidem recuperá-lo. Em muitos casos, exige o perdão de um ou de ambos, segundo a visão que tenham do ocorrido. Mesmo assim, posso perdoar uma pessoa e não ter necessariamente o desejo de recuperar o relacionamento. Além disso, há casos, sobretudo aqueles envolvendo abuso físico ou sexual, nos quais, enquanto o ofensor não modificar sua atitude, não haverá nenhum interesse de reconciliação. Também é possível conservar o relacionamento mesmo que algum tópico ainda não tenha sido perdoado, bem como é possível perdoar alguém com quem já não nos relacionamos por um ou outro motivo — quando o agressor falece, por exemplo.

— *Por fim, perdoar não é somente uma obrigação moral.* Apenas se compreendo o ato de perdoar como manifestação de amor posso dizer que estou obrigado a perdoar. Porém, trata-se de uma obrigação moral que, como a do amor, devo exercer livremente; caso contrário, não se trata nem de amor, nem de perdão. Se o perdão não é livre, não é perdão. Pode ocorrer que eu queira perdoar livremente e com todas as minhas forças alguém a quem amo, mas que ainda não tenha conseguido. Posso assegurar minha vontade de perdoar, mas não o êxito na tarefa. Posso me esforçar por tratar a pessoa que me fez o mal da mesma forma como antes, mas talvez só consiga fazê-lo externamente, ou nem sequer isso. Devo, então, me conformar em tratá-la com o respeito que merece.

Características e postura de quem perdoa

"Quem carece da capacidade de perdoar carece da capacidade de amar... Perdoar é um catalisador que ajuda a criar a atmosfera necessária para um fresco começar e recomeçar".

Martin Luther King Jr.

O perdão pode ser considerado um ato, uma realidade que se dá em determinado momento ou um processo no tempo. Da mesma forma, também podemos traçar uma distinção entre o perdão como ato e a postura do perdão. Há pessoas que têm mais facilidade de perdoar graças a seus valores e crenças, embora nem sempre consigam[1]. Esse comportamento reflete, certamente, parte de sua capacidade para o perdão — uma capacidade que alguns se dispuseram a medir, avaliando tanto aspectos cognitivos quanto emocionais e comportamentais.

Contudo, a capacidade de amar ainda é a mais importante no momento de perdoar. Junto com ela, a capacidade de compreender, o conhecimento próprio e a generosidade são comportamentos que nos predispõem ao perdão e o facilitam.

1 Alguns autores propuseram o termo «inteligência espiritual», relacionando-o, entre outros aspectos da personalidade, com a capacidade de perdoar baseada na compreensão, na gratidão e na humildade.

Características da pessoa que perdoa

Todos somos capazes de perdoar e ser perdoados, mas isso não significa que todos tenhamos a mesma disposição ou o mesmo êxito. Há de fato algumas pessoas que parecem ter mais facilidade. De onde vem essa facilidade maior ou aparente? Será que se trata de uma espécie de vantagem inata? Se não, é possível adquiri-la? Quais são os traços da personalidade em questão? Que habilidade é essa que aumenta a capacidade de perdoar?

Muitos são os estudos que concordam em que as mulheres têm maior capacidade e maior disposição ao perdão. Esses mesmos autores sugerem que isso se deve à maior capacidade empática e à atitude de acolhimento própria do instinto feminino-maternal. O homem, pelo contrário, tende a acionar mais mecanismos de negação ou de racionalização diante das mesmas situações. Com menos consenso, outros estudos observaram que, com o passar dos anos, nossa capacidade de perdoar aumenta, talvez devido a nosso desenvolvimento moral e cognitivo. Por fim, alguns estudos sugerem que as crenças pessoais e a existência de filhos também são fatores facilitadores do perdão.

Embora alguns autores tenham abordado a disposição ao perdão como uma característica da personalidade, entendo que não se trata de algo puramente inato, próprio do temperamento herdado, e sim de algo que é facilitado por uma atitude de fundo moral e emocional. É fruto do desejo de "estar bem" com os demais — inclusive com Deus, no caso dos que têm fé. Essa disposição é tão livre quanto custosa, e é por isso que a mera disposição não basta: para perdoar é preciso esforço. É perdoando que se aprende a perdoar. Portanto podemos concluir que a maturidade de uma pessoa é proporcional à sua capacidade de perdão. Um indivíduo fraco padecerá mais com o mal sofrido, o fará tomar grandes proporções e o assimilará de forma nociva; assim, tenderá a refugiar-se na fantasia e terá menos capacidade de dar o salto exigido pelo perdão, que nos faz ir "além" do que é aparentemente justo. A capacidade de amar é crucial no momento de perdoar, de forma que poderiam ser consideradas duas faces da mesma moeda.

Vejamos agora que traços de personalidade podem ser determinantes nesta capacidade e postura diante do perdão.

Há pessoas mais sensíveis, que sofrem mais com as ofensas e, posteriormente, com o possível ressentimento. Essa sensibilidade mais aflorada pode ser uma sensibilidade emocional em geral e teria a contrapartida positiva de também facilitar ou promover o perdão, que resgataria a estabilidade emocional e, assim, impediria o sofrimento pelo mal causado e/ou pelo desgaste do relacionamento. No entanto, as pessoas mais sentimentais não só sofrem mais com o dano ou ofensa, como também, por sua emotividade excessiva, concentram-se mais na situação que as feriu — e em quem as ofendeu —, como se a colocassem sob uma lente de aumento; isso, é claro, dificulta o processo do perdão.

Um tipo especial de sensibilidade é a sensibilidade interpessoal. Ela se refere à tendência a interpretar excessivamente todas as experiências no âmbito das relações interpessoais — se fulano me olhou, se não me ligou, se não me dá a mesma atenção... Surgem, neste contexto, os traços de desconfiança ou de paranoia, os quais tendem a fazer a pessoa sentir-se agredida, a enxergar más ou segundas intenções nas condutas dos outros etc. Nestes casos, a capacidade de perdão diminui, fazendo aumentar a tendência ao rancor e ao ressentimento.

As pessoas que administram melhor suas emoções — percebem-nas como tais, convivem com elas, expressam e resolvem-nas adequadamente — e que, portanto, alimentam menos emoções negativas tendem a perdoar mais. Mas aquelas com traços neuróticos, à semelhança dos narcisistas, geralmente percebem as agressões como mais severas e lhes custa perdoar.

Há também aqueles que têm bruscas mudanças emocionais. São pessoas que podem enfurecer-se ou sentir-se ofendidas de forma intensa e em pouco tempo, mas que, com a mesma rapidez e intensidade com que ficaram emocionalmente alteradas, são capazes de voltar ao estado emocional anterior e virar a página. Sobem e descem como as bolhas de um espumante. Essa capacidade tem um componente biológico referente à reatividade emocional e outro referente ao caráter, mais relacionado com componentes educativos e de tolerância à frustração, entre outros.

Continuando com os aspectos emocionais, aquelas pessoas que têm um *estilo de apego* mais seguro gozam, quando adultos, de maior predisposição para o perdão. São mais capazes de buscar o que une, de colocar a pessoa acima do dano causado, de se compadecer do agressor e entender de forma mais positiva a renúncia à vingança, a acolhida e a restauração da relação. Este maior apego, o apego mais seguro, está relacionado com a proximidade afetiva com os pais, sobretudo a mãe, nas primeiras fases da vida.

A capacidade de empatia também tem sua importância, pois facilita colocar-se no lugar do ofensor, entender suas emoções e pelo menos imaginar suas motivações, o que auxilia no processo de dignificação e "compadecimento" mútuos.

Sabe-se ainda que, quando uma pessoa costuma fazer juízos positivos da conduta dos demais, mostra-se mais predisposta a perdoar.

Os que têm maior imaginação podem fantasiar mais, o que lhes dificulta sair do mundo das emoções e manter os pés no chão, algo necessário para reconhecer o dano e a dor, e poder perdoar.

Junto com a imaginação, o egocentrismo também dificulta que se tenha olhar objetivo da ofensa e se passe a olhar o ofensor com a intenção de empatizar-se, compadecer-se e perdoar. É comum que o ofendido fique "lambendo as feridas" e recorra a certo vitimismo que dificulta o perdão.

A baixa autoestima e a dependência emocional — tão frequentemente relacionadas — contribuem para a fragilidade do indivíduo e, portanto, levam-no a se situar, perante a ofensa e o ofensor, em piores condições de poder lhe perdoar gratuitamente.

Do mesmo modo, a tendência de uma pessoa a ruminar — a revisitar as situações — em nada ajuda, uma vez que "aperta" o nó do ciclo de dor e não permite que a situação se acalme em seu interior. Essa tendência à ruminação está muito relacionada com a insegurança, o que lhe dificulta tomar decisões e, neste caso, dar os passos necessários ao processo de perdão.

Entre os traços de personalidade de quem deve perdoar, também se faz importante a capacidade de analisar a situação a fim de refletir introspectivamente sobre o dano sofrido e ponderar os prós e contras antes da ação. A capacidade de reflexão pode ser melhorada, mas até certo limite. Em contrapartida, determinante na capacidade de ponderar é ter crescido num ambiente — especialmente familiar — em que se tenha vivenciado experiências de perdão, constatado seus benefícios, aprendido sobretudo dos pais como ele é "praticado" e os fatores que se devem levar em consideração.

No processo de mudança do coração que o perdão exige é necessário haver também um mínimo de flexibilidade — em oposição à rigidez — que lhe permita admitir a possibilidade de mudança; e, unida a esta flexibilidade, convém certa criatividade para reformular o relacionamento com a pessoa que nos prejudicou.

A personalidade de cada um é composta de traços que se combinam entre si com diferentes intensidades. Esses traços determinam os estilos de percepção e enfrentamento das circunstâncias da vida, bem como o modo de ver a si mesmo e se relacionar com os demais. Nesse sentido, a tarefa de perdoar pode ser mais fácil ou mais difícil de acordo com os tipos de personalidade.

A *personalidade narcisista* é notadamente incapaz de perdoar. Sua característica mais marcante é o culto a si mesmo: são pessoas que se supervalorizam e que esperam ou exigem ser tratadas de forma exclusiva. Esse ar de superioridade na relação interpessoal é compatível com uma atitude essencialmente invejosa e com a incapacidade de ser empático e se colocar no lugar do outro. Por isso, os narcisistas também tendem a explorar o outro sem oferecer nada em troca, além de serem exigentes e egoístas. Têm uma autoestima volúvel, que explicaria sua hipersensibilidade à rejeição ou ao insulto. Assim, quando criticados, reagem com raiva e, às vezes, com agressividade. Têm baixa tolerância diante da insatisfação e dos erros, bem como costumam se refugiar em sua imaginação, onde exageram suas capacidades e minimizam seus defeitos. A gratificação vingativa e a revanche são suas respostas mais frequentes aos insultos e danos. Quando é evidente que erraram ou agiram mal, adotam estratégias racionais — "justificativas" — que lhes permitam se recuperar ou simplesmente jogar a culpa no outro.

Tendem, em última análise, a perceber as ofensas de forma mais intensa que os demais, pois acham que todos estão contra ele. Assim, a intensidade e duração do ressentimento se amplificam e a postura de superioridade aparente dificulta o perdão autêntico, gerando o comportamento despótico ou de clemência. O narcisismo seria a antítese da capacidade de perdoar.

A *personalidade paranoide* é muito sensível aos contratempos e repreensões. É rancorosa, e custa-lhe perdoar os insultos. É também ciumenta, desconfiada, e tende a interpretar mal os estímulos externos. Vivencia o ressentimento com frequência, dado seu impulso por interpretar os estímulos como algo realizado com má intenção. Tende a acumular esses juízos e emoções negativas, estabelecendo um parâmetro desconfiado, por meio do qual filtra tudo o que lhe chega. O perdão também poderia lhe custar pelo simples receio de parecer, perante os demais, um sujeito fraco e manipulável, comportamento que seria reprovável em razão de sua tendência a desconfiar e interpretar mal. Nesses casos, a pessoa se rebela frente à hipótese do mal cometido pelo outro não por considerar-se o centro, como ocorreria ao narcisista, mas pela "maldade dos outros, que me querem mal".

As *personalidades obsessivas ou anancásticas* também têm dificuldade de perdoar por diversos motivos: são muito sensíveis e, portanto, tendem a sofrer mais com as ofensas. Geralmente se trata de pessoas rígidas, com dificuldade para mudar; são formalistas e moralistas, sofrendo mais com as injustiças. Isso as leva a pedir mais “garantias” morais de que o ofensor esteja realmente arrependido. Seu temperamento obsessivo dificulta a capacidade de desatar o nó ou ciclo de mal, dor e vingança. No entanto, essas pessoas têm mais necessidade de desatá-lo do que as outras, devido ao mal que experimentam e a seu ponto de vista moralizante. Da mesma forma, podem exigir mais reparações e também sujeitar-se a certa tensão — mais uma — entre dever perdoar, querer perdoar e esquecer, mas não conseguir.

Atitudes morais que nos dispõem a perdoar

Há quatro atitudes morais que, segundo autores como J. Burggraf, influenciam nossa capacidade de perdoar:

O amor

O perdão é um ato de amor. Em muitos casos, para conseguir perdoar é preciso amar intensamente. Quando perdoo uma pessoa amada, o perdão surge com mais facilidade, quase sem querer. Porém, quando a ofensa é grande ou aquele que nos causa dano não é uma pessoa amada, faz-se necessária uma capacidade de amar além da conta. Como diz o poeta W. Bergengruen, “o amor é provado na fidelidade e se completa no perdão”[2].

No caso de Teresa, a afeição que tinha por seus pais foi definitiva. Seu conflito interior impedia que a ferida cicatrizasse. Todavia, alguns bons padres dos quais ela

2 Citado por J. Burggraf, em “Aprender a perdonar”, *loc. cit.*

gostava, bem como os anos de sua infância pelos quais passara convencida de que era a responsável pela saúde da mãe e pela organização geral da casa, levaram-na a concluir que não era permitido falhar. Esse choque emocional levou-a a desviar a consciência dessas recordações e a revesti-las de positividade em nome do grande serviço que prestara, embora em seu coração guardasse certa frustração e raiva pela infância "perdida". Mas, afinal, de quem fora a culpa?

O perdão poderia ser considerado a mais alta manifestação do amor, pois exige uma entrega livre, a doação gratuita de algo que, em justiça, não teria razão de ocorrer. Com efeito, chega a transformar o coração daquele que perdoa e daquele que se reconhece perdoado. Porém, é possível acontecer que, se alguém me tiver ofendido gravemente, não me seja possível alcançar o amor em determinado momento e eu precise me afastar emocionalmente do agressor por algum período. Uma separação emocional pode exigir também certa separação física: "O que os olhos não veem, o coração não sente". É preciso retirar a faca da ferida, deixar de olhá-la — como reação automática à dor e como incredulidade diante da ofensa — e voltar-se para o rosto do ofensor. Esse desprendimento ou distância inicial pode se fazer necessário para abrir espaço ao perdão de todo o coração, dando-lhe depois o amor de que precisa. Se a pessoa está petrificada fitando a faca que lhe cravaram, não consegue progredir rumo ao perdão e enxergar o que é positivo — seu ser, sua debilidade indesejada, o relacionamento preexistente etc. — a ponto de amar e perdoar. Como afirmava François de la Rochefoucauld: "Perdoa-se enquanto se ama"[3].

---

3 F. de la Rochefoucauld. *Máximas: reflexiones o sentencias y máximas morales*, Planeta, Barcelona, 1984.

E no que diz respeito ao ofensor? Àquele que cometeu a ofensa — ou sente-se culpado — deve-se recordar que, para viver e desenvolver-se de forma sã, precisa ser aceito como é. É preciso que alguém o ame verdadeiramente e lhe diga: "É bom que você exista", e isso apesar de suas limitações, de seus erros e de suas más ações. Todos somos, por natureza, ofensores-pecadores e todos precisamos nos sentir queridos e perdoados. O amor-perdão nos torna conscientes de nosso valor e de nossa beleza, e é fundamental para nossa autoestima e para construir relações interpessoais adequadas. Se não me perdoam, de algum modo tiram-me espaço para viver e me desenvolver, e assim não posso chegar a me realizar como ser humano; matam-me ou me mutilam espiritualmente.

A compreensão

No esforço de aproximação do ofendido ao ofensor, necessário para compadecer e converter ambos os corações, é preciso compreender. Compreendo que cada pessoa necessita de mais amor do que merece. Por isso, apesar do que você fez, quero perdoá-lo. Todos somos mais vulneráveis do que parecemos; somos fracos, podemos nos cansar e fazer o mal.

A vivência de sua própria situação de estresse também ajudou Teresa a compreender tanto as limitações e os problemas de saúde de sua mãe quanto a preocupação de seu pai, que devia se ausentar com frequência para sustentar a família e só podia contar com a filha mais velha. Essa compreensão fortaleceu sua vontade e seu desejo de perdão.

Perdoar pressupõe a firme convicção de que, por trás do mal cometido, descobrimos no outro um ser humano vulnerável (como eu), capaz de mudar (como eu), que é digno de ser perdoado e ao qual posso perdoar. Uma pessoa pouco compreensiva poderia deixar de perdoar por ser excessivamente exigente com os outros ou por levá-los a sério demais. Convém acreditar nas capacidades do outro e manifestar essa crença. O otimista, como dizia Chesterton[4], é o que acredita nos demais. Se você quer que o outro seja bom, trate-o como se assim já fosse.

A generosidade

Perdoar exige um coração generoso e misericordioso. Há muitas ofensas complexas perante as quais a mera justiça não é possível. Onde o castigo não cobre a perda, é ali que o perdão encontra o seu espaço. O perdão não anula a justiça, mas a supera[5]. É, por natureza, incondicional, gratuito e imerecido. Ao perdoar alguém, estou querendo o seu bem. Na dinâmica do perdão como fenômeno social ocorre o que São Tomás de Aquino chama de *agradecimento*[6]. Quando uma pessoa faz um bem a outra, esta — presume-se que por justiça — deveria lhe devolver outro favor parecido, e ponto final. Porém, se a pessoa é grata, não só lhe devolve, segundo a justiça, o que lhe é devido, como também fica agradecida, o

4 Citado por J. Burggraf, *loc. cit.*

5 "Convencei-vos de que só com a justiça não resolvereis nunca os grandes problemas da humanidade. Quando se faz justiça a seco, não vos admireis de que a gente se sinta magoada: pede muito mais a dignidade do homem, que é filho de Deus" (São Josemaria Escrivá, *Amigos de Deus*, Quadrante, São Paulo, 2018, n. 172).

6 Alguns autores, com efeito, veem a gratidão — não mereço o que me dão — como uma realidade oposta ao ressentimento — não me dão o que mereço.

que supõe certa dívida. Quando, no futuro, essa pessoa grata decidir fazer um favor ao que lho fizera antes, será o outro que, além de devolvê-lo, irá agradecê-lo, passando a ser ele próprio o devedor. Trata-se de uma "rede" de dívidas-e-agradecimentos que gera uma atitude virtuosa permanente entre as pessoas quem se prestam tais favores. Aplicado ao perdão, tal "excesso" exigido pelo ato de perdoar gera, em que o recebe, uma dívida e uma "atmosfera de perdão" que ele tentará saldar com quem o perdoou, ou mesmo com qualquer outra pessoa, na medida em que a oportunidade se apresente. Quem é perdoado vê-se mais disposto a perdoar. Da mesma forma, quem se esforça por fazê-lo percebe com mais clareza que precisa dos demais.

Há, de fato, um modo "inadequado" de perdoar: é o caso do perdão estratégico ou pedagógico. Perdoo para que você se dê conta do que fez, para que melhore. Não estou dizendo que esse perdão seja ruim, mas não corresponde à sua definição autêntica. Perdoo porque amo; porque, pelo menos em algum aspecto, eu amo o outro; perdoo o mal objetivo que me fez e, em certo sentido, "apesar" do dano que me causou. Posso ainda perdoar outra pessoa sem que ela o saiba, como um presente. Assim, embora ser perdoado ou presenciar alguém que o faça de coração seja o melhor ensinamento da vida, o objetivo pedagógico para com o ofensor não faz parte da essência do perdão.

A humildade

Prudência e delicadeza fazem falta quando se trata de perdoar outra pessoa, pois, quando perdoo, não tenho uma resposta garantida e me exponho a uma nova dor. Se já passou algum tempo desde a ofensa, é importante dar espaço para apresentar as razões que me motivam a perdoar e escutar o que o outro diz, ao mesmo tempo que procuro "compreender" o que não diz e, assim, aproximar-me, tanto quanto possível, de sua perspectiva.

Perdoar é um ato de força interior, uma decisão da *vontade que pode*, mas não um ato da *vontade de poder*. A vítima não deve se sentir humilhada nem inferior. Devo perdoar como ofensor e pecador que sou, e não como justo e impecável. A espiral do perdão volta-se para fora e liberta, ao passo que a espiral do ciclo de mal, dor e vingança do ressentimento tende a retrair-se, a nos comprimir. Todos precisamos de perdão porque todos praticamos o mal, embora às vezes seja de forma involuntária; portanto, todos precisamos perdoar se quisermos manter vivo, ao nosso redor, este fluxo habitual de perdão.

É possível mensurar minha capacidade de perdoar?

Nas últimas décadas desenvolveram-se escalas para medir a capacidade de perdão, com maior ou menor sucesso.

Algumas delas, como o *Transgression-Related Interpersonal Motivations Inventory*, são pensadas para avaliar essa capacidade diante de uma situação concreta. Essa escala avalia minhas motivações para buscar vingança e evitar o ofensor, bem como minha atitude de benevolência. Outras se concentram mais na relação de casal, como a *Interpersonal Resolution Scale.*

No que se refere à atitude ou disposição habitual de perdoar, há uma escala que mede nossa capacidade diante de cinco cenários fictícios: a *Transgression Narrative Test of Forgivingness.* Essa escala parece corresponder inversamente à tendência de ruminar o pensamento, de gerar raiva, hostilidade e neuroticismo; é também diretamente proporcional à agradabilidade da pessoa. Por último está o *Enright Forgiveness Inventory,* talvez a escala mais conhecida. Ela avalia os aspectos cognitivos, emocionais e comportamentais da capacidade de perdoar.

O outro lado do perdão: o perdoado

> "[...] *a culpa refinava os métodos para torturar-se a si mesma, prendendo as contas dos detalhes numa laçada eterna, um rosário a ser manuseado durante toda a vida.*"
>
> Ian McEwan

O perdão só é possível num contexto de liberdade, sendo portanto uma realidade pessoal, centrada na pessoa que sofreu o dano. Isso não impede, entretanto, que o agredido ou ofendido desempenhe um papel importante, quiçá decisivo. Esse papel está relacionado, fundamentalmente, ao arrependimento e ao pedido de perdão.

Na história do perdão de Nadia e Laura ao seu irmão Pietro pelo assassinato de seu pai, vimos o papel essencial do arrependimento. Elas não conseguiam entender como o irmão, que também havia sido o mais protegido pelos pais, tinha sido capaz de cometer uma tal atrocidade. Sua dor era tanta que a reação mais positiva das duas durante anos consistira em evitá-lo e não visitá-lo na prisão. Com a ajuda de um sacerdote, Pietro passou por uma conversão, arrependeu-se profundamente e começou, com sinceridade e constância, a manifestar seu arrependimento e pedir-lhes perdão. Por fim, com o passar dos anos e apoiadas também em sua fé, elas decidiram perdoar. Embora não fosse estritamente necessário, é evidente que o arrependimento sincero de Pietro possibilitara ou acelerara o perdão das irmãs.

O arrependimento

Mais uma vez, como já ocorrera com a palavra *perdoar*, a definição do dicionário sobre a ação de arrepender-se — "pesar por ter feito algo" — parece pobre ao estimarmos a riqueza e a complexidade de tudo aquilo que ela envolve[1]. Para chegar a essa conclusão, basta ler o opúsculo de Max Scheler sobre o arrependimento, em cujo texto me baseio para redigir esta seção[2].

Muitos autores modernos consideram o sentimento de culpa, e com ele o arrependimento, como fenômenos negativos. Entendem que, quando alguém percebe ter cometido um mal, o que deve fazer é simplesmente "melhorar" na próxima vez. Defendem até certo determinismo[3] na conduta das pessoas, o qual evita a sua responsabilidade e, portanto, sua culpa em relação ao ocorrido. Consideram o arrependimento algo que me prende ao fato que produz o dano, provavelmente porque confundem *arrependimento* com *ressentimento.* Veem-no como uma tentativa absurda de arrancar uma folha já lida do almanaque, como o desejo de dar a volta no relógio a fim de retornar à cena do crime e apagar as evidências do delito.

Em outros casos, os especialistas acham absurdo voltar ao passado, quando o homem que agiu já não é o mesmo

---

1 Em latim, arrepender-se também pode ser traduzido como *doleo, poenitet, piget* ou *taedet*, que se referem a estar magoado, ter pesar, ou a algo que se mostra penoso ou tedioso. Cf. *Nuevo Diccionario Latino-Español Etimológico*, Visor Libros, 2ª ed., Madri, 2003.

2 Max Scheler. *Arrepentimiento y nuevo nacimiento*, Encuentro S.A., 2007.

3 Como diz Viktor Frankl em *A vontade de sentido*, este pandeterminismo serve de álibi para os criminosos.

de agora. É como se o ato tivesse ficado para trás e o que importasse, ao arrepender-me, fosse apagar a sua imagem na lembrança, e nunca o ato em si, que já passou. E há outros autores, como Nietzsche, que o consideram um engano interior, uma resposta advinda do ódio ou da vingança por minha má consciência, numa espécie de autopunição aperfeiçoada ou sutil.

Mas, afinal, o que é o arrependimento? Poderíamos defini-lo como um *pronunciamento da consciência moral que me leva à autocura, quando reconheço a culpa por ter prejudicado outra pessoa ou a mim mesmo. Isso, por sua vez, leva-me a me compadecer da pessoa prejudicada e ao desejo de não repetir a ação.* Se aquela situação se apresentasse novamente, eu não agiria da mesma maneira.

Max Scheler explica que a incompreensão do arrependimento tende a proceder da má compreensão do funcionamento da mente humana. Assim, quem afirma ser absurdo querer anular o passado acha que a vida é uma corrente que flui no mesmo tempo objetivo em que as coisas acontecem. Isto é válido para a natureza morta, mas o homem pode atualizar um momento do passado durante toda a sua vida. Cada instante contém, de alguma maneira, o passado, o presente e o futuro; não a realidade, mas o sentido e valor de toda a nossa vida.

Por essa razão, qualquer vivência do passado permanece sempre incompleta em seu valor e sentido até o momento de nossa morte. Sempre podemos dar novo valor e sentido aos acontecimentos passados. Como diz Scheler, "a realidade histórica está inacabada e é, portanto, redimível". Posso me arrepender de algo passado e lhe dar novo sentido, libertando-me da dor da culpa; e o fato de reconhecer minha história presente pode me libertar do poder da história que vivi no passado.

Neste sentido, o ato de arrepender-se consiste fundamentalmente em "imprimir, num fragmento de nossa vida passada, revisitando-o, um novo sentido e valor", mediante a extirpação da culpa do centro vital desse acontecimento.

Aos que acham que se arrepender de uma "imagem do passado" não faz sentido, vale dizer que não mudamos a imagem, embora ela permaneça em nossa lembrança; o que modificamos é o seu sentido e valor.

Seguindo Spinoza, outros autores qualificam o arrependimento como miserável e impotente, reduzindo-o ao *temor.* Mas o temor se volta sempre para o perigo que está por vir, e, embora seja verdade que às vezes o temor causa arrependimento, com maior frequência o contamina. Assim, enquanto o temor é a premonição de uma ameaça futura, o arrependimento é necessariamente retrospectivo[4].

Por conseguinte, "o arrependimento não é nem uma carga psíquica, nem um autoengano; não é nem mero sintoma de uma falta de harmonia psíquica, nem um choque absurdo de nossa psique contra o passado inalterável"[5].

Outro aspecto essencial para entender o arrependimento é a noção de culpa. Numa sociedade como a nossa, em que existe excesso de emotividade, é comum que muitas pessoas identifiquem a culpa com um mero sentimento. Contudo, a culpa é uma qualidade moralmente má, que se adere à pessoa pela realização de maus atos. "Quem, porventura, dissesse: 'não tenho consciência de nenhuma culpa; logo, não tenho de que me arrepender' ,

---

4 F. de la Rochefoulcauld se refere a este temor quando diz: "Nosso arrependimento não é tanto um pesar do mal cometido quanto um temor do que nos pode acontecer" (*Máximas*, 180).

5 Max Scheler, *op. cit.*, p. 16.

este seria um deus ou um animal. Porém, se aquele que fala é ser humano, ainda não sabe nada da essência da culpa". Com efeito, sinta-se ou não culpado do crime cometido, a culpa permanece.

A sensibilidade para perceber a culpa varia entre as pessoas e, em cada um, também com o passar dos anos. Como resume Scheler, "pertence à eficácia mais obscura da culpa que, ao crescer, se oculte a si mesma e embote o sentimento", ao passo que a bondade da pessoa apura sua sensibilidade ao sentimento de culpa. Isso porque o arrependimento não se dirige ao sentimento de culpa, mas a essa qualidade objetiva de culpa que, como já foi dito, encontra-se presente em nosso viver atual, ainda que se tenha realizado o ato culposo no passado. Não "extirpo" este ato objetivo, com suas consequências reais, mas posso, de forma retroativa, apagar e extirpar a culpa por esse ato. Consigo assim desatar o nó que, pela culpa, me mantinha preso a algo do qual me considerava culpado. Poderíamos dizer que, assim como o perdão do ofendido interrompe o ciclo de dor e dano "do lado" do ofendido, o arrependimento o rompe "do lado" do ofensor. Paradoxalmente, o arrependimento — como ocorre com o perdão — "olha para trás com um olhar choroso, mas age de forma alegre e poderosa para o futuro, para a renovação e libertação". Entende-se, como afirma o mesmo autor, que, considerando a condição limitada e defectível das pessoas, "a força mais revolucionária do mundo moral não é a utopia, mas o arrependimento".

Arrepender-se exige ir além da consciência pesada e do remorso. Trata-se, ademais, de um processo composto de três fases: a primeira é o reconhecimento do valor negativo de um ato moralmente mal; a segunda, a dor ou pesar pela ação cometida; e a terceira, o desejo ou intenção de não tornar a executá-la[6].

A consciência pesada é o reconhecimento da má ação cometida, com ou sem pesar; frequentemente tinge-se de ira ou aborrecimento, o que dificulta conhecer, com nitidez, o motivo do lamento. No remorso o mal-estar é maior, pois supõe-se que a pessoa não consegue se arrepender e não cessa de percorrer o ciclo que a une à má ação. Nessa espiral, que pode ir sempre crescendo, vão-se juntando emoções, informações, juízos etc., tal como ocorre numa inundação, em que a corrente arrasta todo tipo de objetos, galhos... e um ou outro cadáver[7]. Tanto na consciência pesada como no remorso, falta um reconhecimento mais puro da culpa e uma visão mais objetiva do mal causado, o que produz uma mistura de emoções que dificultam o deslocamento da culpa do núcleo vital dessa experiência. Como consequência, em ambos, a "embriaguez" emocional quase não permite que o indivíduo se compadeça da pessoa prejudicada, ou mesmo que experimente o desejo livre e decidido de não voltar a agir da mesma maneira.

O pedido de perdão

Como já foi se disse, o pedido de perdão por parte do agressor não é requisito para que alguém perdoe, mas se faz oportuno, pois convém que o mal seja reconhecido e, na medida do possível, reparado.

---

6 Este é outro modo de ver as quatro fases da aceitação positiva proposta pela Psicologia Positiva: aceitação cognitiva ou intelectual da perda ou do dano; aceitação emocional com a experiência da dor; ajuste; e execução.

7 O pensamento de que a vítima está exagerando o dano causado — está se fazendo de vítima — e de que o ofendido fez alguma provocação pode vir a dificultar o arrependimento.

Do ponto de vista do ofendido, o pedido de perdão é importante para tomar a decisão de perdoar. Nas primeiras fases do processo, é preciso recordar que o ofendido deve conter sua resposta instintiva em direção à vingança e, por outro lado, fazer um esforço para considerar a dignidade do agressor, separando sua realidade de pessoa — boa, portanto — de seus atos — objetivamente maus. O pedido de perdão exige a iniciativa, por parte do agressor, de compadecer-se do ofendido: uma mão aberta para compartilhar a dor, partindo das duas perspectivas. Essa compaixão, empática por essência, facilita muito a resposta do agredido, que é reforçada também por ele entender o esforço do agressor para vencer a vergonha de reconhecer sua culpa.

Às vezes, no entanto, o pedido de perdão não é feito: o agressor não está arrependido, ou já faleceu, ou é alguém desconhecido etc. Nesses casos, é lógico que seja mais difícil perdoar, especialmente quando, mesmo que o agressor possa pedir perdão, não o faz, dificultando a separação entre agressão e agressor. Nesse caso, não fica claro que "você é bom, embora tenha feito algo ruim", já que, de alguma forma, a ferida continua aberta. Do ponto de vista daquele que cometeu o mal, o pedido de perdão é apenas a consequência lógica de seu arrependimento. De fato, o mais importante para sanar sua culpa é o arrependimento, pois, entre outras razões, muitas vezes não há oportunidade de chegar a pedir o perdão. Ao formular seu pedido, o ofensor, ao mesmo tempo que assume sua responsabilidade, distancia a sua pessoa do ato injusto que cometeu. O ofensor não lamenta ser ele mesmo, mas sim ter cometido certos atos. O autêntico pedido de perdão é uma demonstração prática de que o ofensor transcende seus atos e seu passado e de que não se identifica com eles.

Se o pedido é autêntico e traduz um arrependimento claro, fica evidente que o ofensor e o ofendido têm algo em comum: ambos rejeitam o valor moral negativo da ofensa e o mal infligido por meio dela. Neste ponto, interessa-nos o caso narrado por Simon Wiesenthal[8], segundo o qual um oficial alemão moribundo, consciente de sua culpa por feitos passados — culpa que diariamente o penalizava e chegava a torturá-lo —, desejava, antes de morrer, pedir perdão a um judeu pessoalmente. A resposta emocional de Wiesenthal, que é quem narra a anedota, foi bastante fria, mas aparentemente o oficial alemão ficara consolado em ter pedido perdão. Um contraexemplo é o que aparece no longa-metragem *Caminho da liberdade*, de Peter Weir. O protagonista, deportado injustamente para a Sibéria por causa de uma declaração que sua esposa fizera ao ser torturada, decide fugir. Para isso, terá de percorrer a pé todo o continente asiático. Num momento de exaustão e crise durante a fuga, reconhece que a motivação fundamental que o "obriga" a realizar tal proeza é poder dar à esposa, que ele ainda ama, a oportunidade de lhe pedir perdão e saber-se perdoada. Assim, ela poderá se libertar da prisão emocional que a está fazendo passar por um calvário parecido com o seu.

Como é o processo de pedir perdão?

Embora se possa achar que as posições do agressor e do agredido são absolutamente opostas e que, portanto, as características e disposições para perdoar se diferenciam completamente das de pedir perdão, a realidade não é essa. Pelo menos não é *exatamente* assim. Em outra parte

8 S. Wiesenthal, *Los límites del perdón*, Planeta, Barcelona, 1998.

do texto, referi-me às atitudes morais que facilitam o perdão: amor, generosidade, humildade e compreensão. Com exceção da generosidade[9], as outras três integram também a atitude de quem há de perdoar.

Geralmente a pessoa mais consciente de já ter sido perdoada será mais compreensiva e se sentirá mais motivada ao perdão. É lógico e provável que entenda melhor não só a natureza limitada das pessoas, a dos demais e a sua própria, como também, e ao mesmo tempo, a dignidade da pessoa e a grandeza do amor e da liberdade que lhe permitem sair da dinâmica perversa do mal, da dor e da vingança.

Na linha deste comentário, deduz-se também que pedir perdão pode ser tanto ou mais difícil do que perdoar. Pode ocorrer, por exemplo, que o agressor sinta que o agredido está exagerando, aumentando o dano sofrido, que talvez esteja dramatizando para obter alguma vantagem secundária; ou que pense que o outro o provocara porque, se não fosse a provocação, jamais teria agido de tal maneira. Essa situação logicamente dificulta seu arrependimento, ou pode mesmo suavizá-lo ao ponto de não ser eficaz ou suficiente para o ofendido. Sem pretender classificar algo tão autenticamente humano, esse processo de pedir perdão poderia dividir-se nos seguintes passos:

1. Reconhecer que o que fiz causou um mal, ou que posso ter ofendido outra pessoa. Esse reconhecimento, inicialmente interno, precisa ser manifestado, como veremos.

---

9 Embora, num primeiro processo de perdão entre duas pessoas, não haja, naquele que pede, tanto espaço para a generosidade, se o relacionamento anterior entre ambos não era bom ou se houve experiências negativas de perdão com outras pessoas, a generosidade realmente será necessária para se rejeitarem as recordações e juízos prévios capazes de contaminar o processo. O mesmo se aplica a tudo aquilo a que convém renunciar para obter de forma adequada o perdão.

2. Esforçar-me, reunindo os meus recursos emocionais, por compreender e/ou sentir o dano e a dor sofrida pelo outro, mencionando-os em meu pedido de perdão.

3. Reconhecer o papel das circunstâncias tanto na agressão quanto no ofendido, sem desprezar o fundamental, que é o dano causado. Independentemente de eventuais atenuantes, agora quero pedir para ser perdoado. Não se trata de um juízo, mas de um pedido de perdão.

4. Pedir perdão de forma expressa, a fim de manifestar meu arrependimento. Deve ser possível reconhecer, sem espaço para dúvidas, o momento em que pedi perdão. A declaração poderá ser mais ou menos simbólica, mas deve ser clara para o receptor.

5. Como forma de deixar clara, até o fim, minha situação de "credor", de querer me compadecer com o que sofre e de lhe dar a liberdade própria de sua dignificação como pessoa, pode ser de alguma ajuda dizer que compreenderia caso ele não quisesse me perdoar. Isto ajuda o outro a ter claro que não me apresento como alguém que cometeu um erro ou uma falha técnica. Sei que o prejudiquei, lamento por isso e peço perdão.

6. Restituir ou reparar, na medida do possível, o dano causado. Neste ponto também vale que, ao pedir perdão, eu demonstre interesse pelo ofendido perguntando, por exemplo, o que posso fazer por ele.

7. Propor e compartilhar, se possível, um plano ou comportamentos futuros que evitarão que essa situação se repita.

8. Deixar que a pessoa que perdoou ocupe posteriormente "o seu lugar" no relacionamento, sem forçá-la; isto é compatível com que eu manifeste meu interesse, se for real, de salvar ao máximo nossa relação anterior.

Imperfeito, mas perdão

"Mas, desde aquele momento, sei que nenhuma culpa será esquecida enquanto a consciência tiver conhecimento dela".

— Stefan Zweig

Do perdão gratuito ao quid pro quo

Uma das características essenciais do perdão genuíno é a gratuidade. "Você me prejudicou. E, embora o instintivo seja que a dor e a ira possam me levar a responder com vingança e, no melhor dos casos, a distanciar-me de você para me proteger de possíveis males futuros, decidi que quero tentar perdoá-lo". Faço-o porque quero. Sei que, se conseguir, será melhor para mim e possivelmente para você, caso queira e consiga se arrepender. Mas eu o perdoo no exercício de minha liberdade, sem me ver obrigado a fazê-lo e sem contrapartidas. Seu arrependimento me beneficiará, pois nele está implícito o seu desejo de não reincidir, e isso me ajuda a abrir o coração e compartilhar o perdão. Repito: perdoo porque quero, e portanto não é obrigatório que você aceite o perdão, nem que me prometa que jamais repetirá a ofensa etc." Por outro lado, entre os que acham que o arrependimento é necessário para poder perdoar, há o argumento de que a pessoa que causou o mal foi quem rompeu ou alterou a relação, e portanto é ela quem deve tomar a iniciativa de restabelecê-la. Essa necessidade do arrependimento para "saldar" a culpa e, portanto, obter o perdão é compartilhada, com matizes, pela maioria dos autores. Convém também insistir na gratuidade, portanto, para evitar que o processo pareça uma simples permuta de perdão por arrependimento[1].

No caso que comentamos no início do texto, o da infidelidade de Sérgio descoberta por sua esposa Soledad, ela parecia entender que ele realmente lhe pedia perdão e se arrependia; ele desejava que a relação seguisse adiante, não queria perdê-la. Tentou convencê-la de que sempre se sentira culpado e triste por aquela infidelidade e que, agora que ela estava sofrendo ao saber do ocorrido, seu arrependimento era ainda maior.

Em todo caso, é evidente que, independentemente da ofensa e das qualidades pessoais da pessoa ofendida, ou mesmo de quem é e como se comporta o ofensor, o perdão genuíno e gratuito pode ser muito difícil, quase impossível. Como o perdão é um processo — sempre poderei perdoar, no futuro, algo de que agora não me sinto capaz —, mais importa o desejar perdoar do que consegui-lo de fato.

Isto justifica que, nessas ocasiões, o ofendido precise de algo em troca, de um *quid pro quo*: o ideal é a solicitude do perdão, fruto do arrependimento do ofensor — uma declaração de que aquela ação não voltará a se repetir, ou até uma espécie de compensação ou reparação[2].

Perdão livre e necessário

Em princípio, o perdão autêntico é concedido no perfeito uso de minha liberdade. Ninguém é obrigado a perdoar.

---

1 M. Crespo, *op. cit.*, p. 105.

2 Está mais próxima do perdão genuíno a expressão *quid pro quo*, dar algo em troca de outra coisa, do que a expressão *do ut des*, que parece mais utilitarista ou consequencialista: ofereço-lhe meu arrependimento “para que me perdoe”, ou “ofereço meu perdão para que isso não se repita”, ou ainda “para me sentir bem”.

No filme *Los descendientes,* há uma cena em que a esposa, indignada e ultrajada ao acabar de descobrir a infidelidade do marido, desabafa emocionalmente diante do corpo em coma e agonizante da mulher com quem seu marido a havia enganado. Ela diz, entre lágrimas: "Eu te perdoo, tenho que perdoar, porque te odeio por ter tentado levar meu marido, mas não posso te odiar..." Ela percebe que não pode exigir explicações de uma pessoa moribunda, que sente ódio e vontade de se vingar. Mas qual é o sentido dessa vingança para uma pessoa que está em coma e a ponto de morrer? É preciso, então, perdoá-la, pois ficará sozinha no processo de perdão. A esposa quer se libertar dessa dor e restaurar sua vida e sua paz interior. Às vezes, de fato, pode parecer "necessário" perdoar. Porém, para que o perdão tenha um efeito curativo, deve existir um componente de liberdade, ainda que se trate somente de um: "Eu até preciso, mas perdoo porque quero". Nesses casos, embora tal impressão de necessidade não seja plenamente genuína — e, portanto, enriqueça menos ao que perdoa e dignifique menos ao perdoado —, a realidade é que, às vezes, esta é a única coisa que uma pessoa está em condições de oferecer. Essa consideração ajuda a entender também que, embora o perdão esteja estreitamente unido a experiências afetivas, não é mero sentimento; é um ato da vontade que não se reduz ao meu estado psíquico ou emocional.

Além disso, se o perdão fosse reação a um mal sofrido, não haveria liberdade nele. A pessoa agredida não só evita recorrer à vingança, como também "encaixa" o golpe e muda a direção e a valência do "vetor": transforma uma ação negativa executada contra ele em uma positiva a favor do outro. A força que compõe este novo vetor vem do interior do que perdoa, e em certos casos exige um autêntico "parto", com toda a dor que lhe é devida.

A conversão do coração e o ressentimento

O exercício do perdão tem como consequência a conversão do coração. Produz-se a transformação dos pensamentos, afetos e emoções negativos gerados pelo dano, o que conduz o indivíduo a uma nova relação e uma nova proximidade com quem o ofendeu. Isto é percebido como um benefício e o enriquece. Quem perdoa recorda as injustiças sofridas para que não se repitam, mas as recorda como já perdoadas.

No entanto, as emoções negativas nem sempre desaparecem completamente ao fim do processo de perdão. Talvez nos interesse recordar que as emoções negativas que sentimos após uma ofensa são de dois tipos: em primeiro lugar, há as que acompanham o sofrimento por causa do próprio dano; depois, há aqueles sentimentos compreensíveis, mas possivelmente desproporcionais, de ódio ou vingança contra o ofensor. Os sentimentos próprios de quem sofre um mal vão se transformando gradativamente. Os do segundo tipo, contudo, se chocam frontalmente contra o perdão e realmente deveriam desaparecer. Se, apesar da minha clara decisão de perdoar, ainda não consegui erradicá-los por completo e preciso de mais tempo e esforço, terá chegado o momento de aceitar minha realidade emocional, seguir o ritmo de minha natureza e ter paciência.

Neste contexto, a pessoa que deseja perdoar percebe em si mesma alguns sentimentos que rejeita, mas que não sabe como fazer desaparecer. Tudo tem o seu tempo, e pode ocorrer que ela precise de mais tempo que outra para consegui-lo. Seria equivocado qualificar essa situação de espera como fracasso. Com efeito, embora haja um componente efetivo importante, o perdão não pode se reduzir a puros afetos, muito menos a afetos puros. Nesta linha, São João da Cruz afirma que às vezes a ferida é tão profunda que, se não conseguimos amar o outro, poderia bastar que não lhe desejássemos mal algum.

No âmbito dessas emoções e sentimentos negativos, há um que pertence a esses que qualificamos como compreensíveis, mas que poderia aparecer de forma desmedida: o ressentimento[3]. É normal rejeitar e odiar o mal existente em algo que sofri, do mesmo modo como o rejeitarei se a pessoa agredida for outra. Porém, obviamente, quando acontece comigo, essa rejeição se acentua pelo "convencimento de minha autoestima natural", ou seja, porque não sou merecedor desse dano. Essa indignação tem sua medida, e na verdade é o perdão que a molda e reconduz.

Na tragédia *Ricardo III*, William Shakespeare descreve, no início do primeiro ato, um personagem ressentido com a própria deformidade e as limitações que ela traz: "Mas eu, que não fui criado para esses esportes travessos, nem para cortejar um amoroso espelho...; eu, grosseiramente construído, sem a majestosa gentileza para me pavonear perante uma ninfa de libertina desenvoltura; eu, privado desta bela proporção, desprovido de todo encanto pela pérfida Natureza; disforme, inacabado, enviado antes do tempo a este latente mundo; concluído pela metade, e de forma tão imperfeita e fora de moda que os cães para mim latem quando diante deles eu paro... Enfim, eu, nestes efeminados tempos de paz frouxa, não acho prazer algum com o qual passar o tempo, senão espiar minha sombra ao sol e fazer glosas sobre minha própria deformidade. E assim, já que não posso mostrar-me como amante, para

3 O dicionário define o ressentimento como o "ter sentimento, tristeza ou raiva de algo". Outras fontes o definem como "tornar a sentir". Em latim clássico, figura como "*exacerbatio animi*": o que produz amargor e irrita. Cf. Raimundo de Miguel, *Nuevo diccionario latin-español Etimológico*, Visor Livros, Madri, 2003.

entreter estes belos dias de cavalheirismo determinei-me a me portar como vilão e odiar os frívolos prazeres destes tempos. Armei ciladas, induções perigosas, valendo-me de profecias absurdas, calúnias e sonhos, para criar um ódio mortal entre meu irmão Clarence e o monarca".

Max Scheler qualifica o ressentimento como um "autoenvenenamento da alma"[4]. Trata-se de um sentir e ressentir, ou de um reviver, o mal já sofrido. Abandonado à sua sorte, o ressentimento perdura no tempo, debilita a pessoa no que diz respeito a combatê-lo e a perturba. É tóxico para a inteligência — obscurece o juízo e a objetividade — e, quanto à vontade, torna-a rígida e incapaz de seguir a inteligência na direção do perdão. Como se fosse uma substância radioativa, vai intoxicando todas as nossas estruturas vitais — as mentais, nesse caso — de forma irreparável. Faz-nos ter uma hiperconsciência do acontecimento passado como se o tivéssemos constantemente à nossa frente, tingindo de rancor tudo o que se refere à nossa relação com tal pessoa e o que rodeia a ofensa. Cada nova "volta" que o ressentimento me faz dar ao redor da situação introduz novamente a dor no fundo da minha alma e dificulta ainda mais que eu possa extirpá-la[5].

É próprio do perdão diminuir o ressentimento, assim como as demais emoções e sentimentos negativos deste tipo. E tudo começa com minha decisão de superá-lo. Com

---

4 "O ressentimento é um veneno que eu mesmo tomo esperando que faça mal a outro" (Francisco Ugarte, *Do ressentimento ao perdão*, Quadrante, São Paulo, 2023).

5 "[...] a agressão fica presa no fundo da consciência, talvez despercebida; ali dentro, incuba e fermenta sua a acridez; infiltra-se em todo o nosso ser; e acaba por reger nossa conduta e nossas menores reações. Este sentimento, que não foi eliminado, mas sim retido e incorporado à nossa alma, é o ressentimento" (G. Marañón, *Tiberio. Historia de un resentimiento*, Espasa-Calpe, Madri, 1998).

efeito, à medida que aplico a inteligência — para tentar compreender e atenuar a culpa, considerando as circunstâncias etc. — e a vontade — com sua decisão de sair do ciclo de dano, dor e vingança —, o meu ressentimento diminuirá. Contudo, o meu sucesso não está garantido, muito menos a curto prazo: o perdão não pode se identificar com o fim do ressentimento, entre outras coisas porque nunca terei certeza de tê-lo obtido plenamente.

Superabundância e assimetria do perdão

No começo de nossa era, a instância mais alta a que se podia recorrer quando alguém sofria uma agressão era a justiça, que aplicava o conhecido "olho por olho, dente por dente". Praticar a justiça não é pouca coisa; é *o justo.* O perdão surgiu apenas com a chegada do cristianismo. A vida e a doutrina de Jesus introduziram na história um elemento novo e surpreendente: *o perdão em sentido radical.* Uma das características essenciais do perdão é sua "assimetria", produzida pela relação nova e ampliada que aquele que perdoa estabelece com o perdoado[6]. O que perdoa não só reconstrói a memória do ocorrido, como também cria esta nova conexão graças ao efeito positivo de devolver o mal com o bem. O perdão não elimina nem despreza a justiça: conta com ela e a ultrapassa, gerando um efeito cuja eficácia pode surpreender a todos os que dele participam e que parece mais próximo da divindade do que de uma criatura: a superabundância.

---

6 Há uma assimetria entre aquele que perdoa e aquele que é perdoado, entre o que dá e o que recebe. Quando o perdão se ajusta à "circularidade do dom, o modelo já não permitiria distinguir entre perdão e retribuição, que iguala totalmente os dois membros" (P. Ricoeur, *La memoria, la Historia y el olvido*, Fondo de Cultura Económica, México, 2000, p. 625).

O habitual é que falemos de *excedente* quando temos mais que o necessário. Mas "superabundar" é um passo além: trata-se de um excedente incontável, com profusão. Poderíamos dizer que consiste em ir além do que seria próprio da pessoa. Superabundar, agir de forma desproporcional, se também estou devolvendo como positivo o que recebi de negativo, é claramente algo que supera o humano. O resultado é surpreendente: como resposta a uma ofensa, obtém-se a dignificação do ofensor e do ofendido e se faz possível uma melhora na relação entre ambos. Neste sentido, o *modus operandi* do perdão lembra o do agradecimento. Este também participa do exceder-se. Em princípio, quando alguém me faz um favor, o agradecimento me dispõe a fazer mais do que é justo por essa pessoa, e esse algo a mais gera uma dinâmica que põe em ação uma sequência indefinida. Essas dinâmicas se entrecruzam no tempo com as pessoas com quem convivo, e assim se estabelece uma rede projetada para o futuro, em que as pessoas passam a ter mais a dar do que a receber — o que certamente contribui para a melhora das pessoas e da sociedade. Esse é o oposto do ciclo de dano, dor e vingança que imobiliza no tempo e no espaço, azeda as relações interpessoais, predispõe à espiral da vingança e distorce a própria percepção do passado, presente e futuro.

Perdão e saúde

> *"Quão importante é o perdão: traduz-se em saúde emocional, espiritual e física. Amar é perdoar e perdoar é amar. Ama e perdoa."*
>
> Carlos Casanti

Perdoar faz bem para a saúde

A essa altura da história, ninguém se surpreende ao considerar a relação entre as esferas psíquica e somática, entre mente e corpo. Essa é uma relação que é mais estreita em algumas pessoas do que em outras e que também é bidirecional. Nesta linha, alguns estudos sugerem que conservar emoções negativas após as ofensas sofridas pode predispor ou desencadear alterações no funcionamento corporal e mental, levando ao desenvolvimento de diversos transtornos.

À primeira vista, parece razoável que manter um alto nível de raiva, ira ou ressentimento acaba "destruindo" aquele que padece. Esse feito negativo pode alterar, pela própria constituição psicossomática do homem, tanto a saúde mental quanto a física. As emoções negativas vão desgastando, por sua força e abrangência, as esferas mais íntimas da vida. Não permitem uma vida em paz. Por isso, as pessoas que as conservam por muito tempo tornam-se mais propensas a sofrer de diversas patologias mentais. Algumas, como causa direta, geram quadros reativos, transtornos de adaptação, de predomínio depressivo ou ansioso, ou ainda outras manifestações comportamentais (vícios, impulsividade etc.). Por serem reativos, a "previsão" é que esses quadros durem algum tempo e se retroalimentem; e, caso venham a se prolongar excessivamente ou sejam muito intensos — ou se a personalidade for mais frágil —, podem se tornar crônicos, adquirindo a forma da depressão. Um quadro muito particular é o transtorno por estresse pós-traumático, que de fato tende a tornar-se crônico, apesar de ser reativo a um único acontecimento. Sua gravidade dependerá, entre outras coisas, da percepção de crueldade e humilhação na agressão, da sensação de vulnerabilidade do agredido e da intensidade do trauma, além das características individuais de quem o sofre. Visto de forma positiva, as pessoas com maior capacidade de pedir perdão e de perdoar sofrerão menos dor e ressentimento, o que supõe um fator de proteção contra os transtornos mentais[1].

Outros transtornos mentais não são causados, em sua integridade, pelo evento nocivo, mas porque a pessoa tem uma predisposição biológica que faz com que, perante uma situação estressante, se desencadeie o quadro potencialmente crônico — como às vezes ocorre com o transtorno bipolar. Nestes casos, a eficácia do processo de perdão desaparece no essencial, visto que a enfermidade está em ação.

Quanto à saúde física sabe-se que, fisiologicamente, tanto a ira quanto a angústia liberam no sangue maiores

1 Parte do incentivo recente ao estudo do perdão está relacionado com o surgimento da psicologia positiva, ramo da psicologia que procura compreender, por meio da investigação científica, os processos que permeiam as qualidades e emoções positivas do ser humano. Seu objetivo é aportar novos conhecimentos acerca da psique não só para ajudar a resolver os problemas de saúde mental, mas também para alcançar melhor qualidade de vida e bem-estar seguindo a metodologia científica.

quantidades de hormônios potencialmente tóxicos, como cortisol, adrenalina, noradrenalina, prolactina e testosterona. Todos estão relacionados com alterações da fisiologia do organismo: variações na função cardíaca e respiratória, mudanças no regime de sono, diminuição das defesas e do limiar da dor etc. Assim, por exemplo, diversos estudos encontraram maior incidência de enfermidade cardíaca em pessoas que acumulam ira e ressentimento. Outros descobriram certa associação entre a dificuldade de perdoar, os sentimentos de raiva e impotência e a dor crônica. Estes últimos casos poderiam estar relacionados a uma maior sensibilidade à dor — um limiar mais baixo — devido a uma tolerância menor à frustração. Há também certos estudos que relacionam a capacidade de perdoar com uma menor necessidade de tomar medicamentos.

Culpa, perdão e psicoterapia

Como fruto de sua liberdade, as pessoas têm a possibilidade de escolher. Quando alguém percebe ter escolhido o melhor, alegra-se, aprende com a experiência e provavelmente a repetirá no futuro. Quando escolhe mal, arrepende-se do erro e esforça-se por não repeti-lo. Porém, com frequência esse processo é mais complexo: noto que, ao decidir, deixo-me levar por meus pontos fracos e escolho o melhor para mim, mesmo sabendo que é ruim para os demais. Como sintetizou Ovídio em suas *Metamorfoses:* "Vejo o melhor e o aprovo, mas faço o pior". Neste momento surge a consciência de culpa, uma consciência que possui, em maior ou menor medida, uma repercussão afetiva de pesar e arrependimento.

Bastante distintos são os pensamentos e sentimentos patológicos de culpa[2], típicos de diversas enfermidades mentais, como a depressão e alguns quadros obsessivos. Esses sentimentos de culpa de natureza patológica, longe de orientarem a conduta, limitam-na em maior ou menor grau, o que pode fazer, em casos extremos, que sejam nulas para o juízo de consciência.

Alguns autores estabelecem uma comparação entre a culpa — que ajuda a detectar a má escolha ou conduta — e a dor física — que serve para saber que algo não vai bem no meu organismo[3]. Os dois seriam "patológicos" se não respondessem a uma adequada relação entre causa e efeito. De um lado estão as situações nas quais existe a dor ou culpa sem que haja uma causa — falso sinal — ou, caso haja, em que dor e culpa são desproporcionais. Do outro, uma situação que também não seria nada boa: a "anestesia ou analgesia" física ou de consciência[4].

Considerando o modelo anterior, tão simples, por que há autores e correntes que veem, na culpa, algo negativo? Supõe-se que, para contestar este "mecanismo" assaz

---

2 Cf. a análise da consciência e dos sentimentos de culpa desenvolvida por J. Cabanyes em"La culpa: mito, enfermidad o realidad", *Palabra,* junho de 2013, pp. 64-67.

3 Para desenvolver esta parte, tomei por base algumas ideias do professor R. Bonelli, psiquiatra vienense muito próximo do professor Johannes. B. Torelló, discípulo de Victor Frankl. Cf. seu artigo "Psicología de la confesión", *Palabra*, em julho de 2012, pp. 56-59.

4 Como aponta o psicólogo alemão Albert Gorres, e como sintetizou o então Cardeal Ratzinger, "a capacidade de sentir culpa pertence, de modo essencial, ao patrimônio anímico do homem. (...) O sentimento de culpa, que rompe a falsa tranquilidade da consciência, é um sinal tão necessário para o homem como a dor corporal, que permite conhecer a alteração das funções vitais normais. (...) Aquele que é incapaz de sentir culpa está espiritualmente enfermo, é um cadáver vivente, uma máscara do caráter (...). As bestas e os monstros, entre outros, não têm sentimento de culpa" (J. Ratzinger, *Verdad, valores y poder*, Rialp, Madri, 2012).

simples e natural, eles neguem a liberdade, a ausência do bem e do mal ou, ainda, o papel da consciência...

Parece coerente que Sigmund Freud, em seu determinismo, investisse contra a culpa, vendo-a como uma "pane" do aparelho psíquico e como algo patológico, fechando assim o caminho para o arrependimento e a retificação. Se minha liberdade não existe e não posso escolher, não posso ser responsável nem culpado de nada. Nesse caso, qualquer sentimento de culpa será uma invenção patológica — a ser eliminada , é claro, com uma terapia interessada. O pior desse ponto de vista está em que, querendo livrar o homem do "custoso" peso da culpa, torna-o escravo do determinismo e vítima "dos outros"; afinal, se não tenho culpa, quem a têm é a sociedade, meus pais, o colégio onde estudei... Essa "cultura dos analgésicos", como alguns denominaram a capacidade — e necessidade — do ser humano de nosso tempo de eliminar qualquer tipo de dor, relacionada ou não com uma ferida mortal, lembra o efeito daquele que usa um aerossol que lhe tira a dor, mas não cura a lesão, e força o corpo como se nada tivesse ocorrido...

Outra consequência desta concepção errônea está em que, se todas as causas me são externas, no fundo estou dizendo que sou infalível. Precisarei atribuir a alguma causa externa todo mal que possa causar aos outros e viverei num autoengano permanente. É curioso que quem ataca o arrependimento por considerá-lo autoenganoso acabe por autoenganar-se com sua infalibilidade, negando ou reprimindo o que não segue essa linha. Por outro lado, renunciar à liberdade em favor do determinismo abre um poço de amargura e me torna uma vítima à deriva dos "vetores de força" que não controlo, o que é pouco compatível com minha pretensa infalibilidade...

Em diversas ocasiões subsistem sentimentos implícitos de inferioridade, de impotência ou desesperança diante de uma possível melhora; eles boicotam o autoconhecimento, a autoaceitação e, consequentemente, a possibilidade de mudança. Neste sentido, como diz Torelló[5], a humildade — fundamentada na realidade — seria a cura do sentimento de inferioridade frente ao subjetivismo desses sentimentos negativos, conduzindo à alegria diante dessa tristeza que deriva da desesperança.

Essa infalibilidade, esse perfeccionismo de matizes neuróticos, não fomentará o esforço por melhorar, uma vez que a culpa, como já vimos, é do "árbitro". Ao mesmo tempo, o indivíduo em questão percebe que não tem controle se não tem liberdade, e portanto a sua insegurança aumenta. Só o tranquilizaria a confirmação de não ser livre, de que a consciência é uma invenção de puritanos, de que realmente não há bem nem mal, de que todos somos igualmente maus..., mas logo vem o cotidiano e as dúvidas reaparecem. E já se sabe que, se banimos a consciência da verdadeira culpa, surge uma falsa culpabilidade. Neste sentido, poderíamos dizer que essas abordagens tornam rebeldes aqueles que as sustentam perante sua própria tarefa vital, convertem-nos em fugitivos que buscam desculpas em seus padecimentos e justificativas em seu pessimismos. Esta visão, tipicamente neurótica, encontra-se bastante difundida em nossa sociedade, ainda que de forma suavizada.

Só quando abandono a tentativa de "patologizar" a culpa e volto à culpa normal ou "fisiológica" compreendo que todos fazemos coisas ruins e que a culpa é uma qualidade moral nascida do reconhecimento, por parte

5 Johannes B. Torelló, *Psicología y vida espiritual*, Rialp, Madri, 2008.

da consciência, desse mal realizado[6]. Esse reconhecimento franco, direto e simples do mal cometido resolve o "problema" da culpa sem a necessidade de renunciar à liberdade, à consciência e ao valor moral das condutas. Sou uma pessoa boa que às vezes faz coisas ruins; e, quando as faço, entendo que esses atos são fruto de minha liberdade, mesmo que eu não seja "isso". Eu aceito minha responsabilidade, minha culpa, e, mediante o arrependimento, me liberto dela. Então recomeço[7].

Felizmente, as terapias mais recentes, baseadas numa antropologia realista, propõem-se ao contrário: não buscam eliminar a culpa, mas assumi-la plenamente[8]. Neste sentido, essas terapias procuram aproveitar o sentimento de culpa para que a pessoa assuma sua responsabilidade, faça uso correto da própria liberdade e tome alguma atitude perante suas limitações e condicionamentos.

Entende-se, portanto, que a culpa patológica, que ficará sujeita à ajuda ou terapia, não se resolve negando a culpa normal ou "fisiológica". Não podemos reduzir a culpa normal ao plano psicológico, como fazem alguns no intuito de eliminar qualquer culpabilidade. Se toda culpa fosse patológica ou puramente psicológica, ficaríamos sem referência e nos seria muito difícil dar qualquer passo em direção à melhora. Em contrapartida, quando detectamos os motivos — estilos conscientes de enfrentamento,

---

6 Na doutrina católica sobre o perdão, a importância do arrependimento se manifesta no fato de que uma contrição perfeita compreende por si só a remissão da culpa (cf. *Catecismo da Igreja Católica*, 1451-1454).

7 Como afirma o poeta Ramón de Campoamor em suas *Humoradas:* "A ti pintarei, em um cantar, a roda da existência: pecar, fazer penitência e logo voltar a começar".

8 É o caso, por exemplo, da Terapia de Aceitação e Compromisso: cf. K. G. Wilson & M. C. Luciano, *Terapia de aceptación y compromiso (ACT)*, Pirámide, Madri, 2011.

mecanismos inconscientes de defesa etc. — dessa patologização da culpa e assumimos a culpa normal por nossas ações, crescemos como pessoas. Temos a liberdade para praticar o bem e o mal, para equivocar-nos, para retificar, para pedir perdão, perdoar e recomeçar sempre que necessário. Como dizia Max Scheler: “O ser humano tem direito de ser sentenciado culpado e até de pedir que se lhe condenem: se o consideramos mera vítima das circunstâncias, além da culpa lhe roubamos a dignidade, pois é da essência do homem o poder tornar-se culpado. Ao ser humano pertence não só a liberdade de tornar-se culpado, como também a responsabilidade de superar a culpa cometida”.

Algumas terapias baseadas no perdão

Ao longo deste livro, vimos como a capacidade de perdoar difere de pessoa para pessoa. Essas diferenças se devem, em grande parte, a aspectos biológicos do temperamento, como a reatividade a determinado estímulo, mas sobretudo a traços de personalidade e a atitudes e valores individuais perante a vida. Neste sentido, recobram especial importância a aprendizagem das experiências de perdão, sobretudo durante a infância, e os valores que a pessoa tem — ou se esforce por assumir — em relação à moral e à convivência. Por outro lado, as experiências negativas de perdão vivenciadas no passado impõem alguma dificuldade, como quando alguém que me pediu perdão, e supostamente estivera arrependido, torna a me causar um mal semelhante.

Como se pode ver, a maior parte dessa capacidade de perdoar é adquirida ou pode ser potencializada. Em certas situações traumáticas, com efeito, o perdão faz parte essencial do processo de mudança e de cura, especialmente diante das feridas causadas no relacionamento com os demais. Nessa linha foram estabelecidos diversos protocolos que, embora coincidam no essencial, têm cada qual suas particularidades[9].

Antes de iniciar alguma dessas terapias, é importante avaliar a "perdoabilidade" da situação, levando em consideração as características da vítima, do algoz, da relação entre ambos e do tipo de ofensa. Com esses dados será possível definir se é oportuno fazer uma intervenção orientada para o perdão ou se, pelo contrário, não interessa fazê-lo. Depois será preciso explicar ao paciente os passos do processo, a fim de que ele consinta livremente antes de iniciar.

Diversas são as técnicas terapêuticas. Veremos, sumariamente, duas delas: a primeira está relacionada com os processos, já mencionados, de aspecto mais cognitivo-comportamental; a segunda, com um conteúdo mais humanista-existencial.

A primeira técnica foi desenvolvida por Enright e Fitzgibbons[10] e pode ser sintetizada nas seguintes fases:

Primeira fase, ou *fase de descobrimento:* consiste em analisar a ofensa e detectar as respostas no plano dos pensamentos, das emoções e do comportamento.

No começo, com ajuda do terapeuta, devo detectar e reconhecer meus mecanismos psicológicos de defesa habituais, os quais terei acionado em reação ao acontecimento nocivo. Esses mecanismos, desenvolvidos com o tempo,

---

9 Há uma revisão das intervenções de perdão em B. W. Lundahl, M. J. Taylor, R. Stevenson & K. D. Roberts, "Processed-Based Forgiveness Interventions. A Meta-Analytic Review", *Research on Social Work Practice*, 2008, 18, pp. 465-78.

10 Em *Helping Clients Forgives: An Empirical Guide for Resolving Anger and Restoring Hope*, APA, Washington, 2000.

funcionam de modo automático, com pouca consciência de que os estou aplicando. No caso dos mecanismos de negação, repressão e projeção, é necessário explorá-los se desejo iniciar o processo do perdão, a fim de enfrentar tanto a ofensa quanto os meus pensamentos e emoções relacionados a ela. No âmbito das emoções, é muito importante reconhecer a cólera e vê-la como coerente com a injustiça do mal que sofri; isso me permite salvaguardar o respeito a mim mesmo, que reforça o próprio eu e me separa emocionalmente daquele mal.

Em alguns casos — nas vítimas de abuso sexual, por exemplo —, faz-se especialmente importante que se valore o possível componente de humilhação ou culpabilidade. Posteriormente, será interessante encarar o fenômeno cognitivo da ruminação do evento doloroso e as distorções cognitivas[11], como a personalização ou o catastrofismo, que poderiam distorcer a comparação entre ofendido e ofensor, conferindo uma perspectiva especialmente negativa à vida atual e futura.

A segunda fase, ou *fase de decisão* é vista como a "mudança do coração" descrita anteriormente. A pessoa percebe sua situação negativa e deseja alterar a estratégia de enfrentamento. Essa decisão pode ser muito dolorosa, pois não exclui nem o sofrimento, nem que se avalie o ocorrido como injusto; de todo modo, o habitual é que se tenha de apresentar um argumento adequado e um empurrão vivido com liberdade para o indivíduo sair do ciclo de dano, dor e vingança.

---

11 As distorções cognitivas são erros sistemáticos no processamento da informação. São produzidas pela aplicação rígida e inadequada de esquemas intelectuais preexistentes que contenham respostas desadaptativas. Estão na essência das terapias cognitivas, das quais um dos maiores expoentes é Aaron Temkin Beck.

Terceira fase, ou *fase de trabalho*, é aquela em que devo dispor dos meios ativamente para que a mudança realmente aconteça. A primeira coisa a se fazer é recontextualizar o agressor e a agressão, o que está associado à redignificação do agressor. Posteriormente, deve-se tentar empatizar e compadecer-se dele. Neste momento, é mais fácil que o indivíduo possa aceitar a dor da ofensa sofrida em vez de tentar, como sugere a vingança, devolvê-la ao agressor ou repassá-la a outrem. O último passo desta fase, que nem sempre conseguimos dar, consiste em apiedar-se do ofensor e até mesmo oferecer-lhe amor.

Quarta fase, ou de *aprofundamento:* conforme avancei neste processo, posso enxergar maior sentido no absurdo da agressão injusta. Isso me ajudará a reconhecer o quanto as constantes experiências de perdoar e ser perdoado ajudam a tornar a convivência mais "respirável". Por fim, devo retornar ao âmbito emocional, mas agora para constatar a libertação e o enriquecimento obtidos com o perdão.

Todo esse processo, reunido em vinte passos pelos autores mencionados, ocorre em diferentes velocidades, segundo o tipo e a intensidade da ofensa, bem como a capacidade de mudança da pessoa afetada.

A segunda técnica é de natureza humanista-existencial e tem sua origem em Viktor Frankl. Para este autor, a vontade de sentido é a motivação primária das pessoas. Com essa técnica psicoterápica, o terapeuta ajuda a pessoa a dar sentido à própria existência. Um dos pilares que permitem ao homem perdoar, abandonar a dinâmica de dano, dor e vingança, é ter uma vida com sentido. Desta forma ele deixa as dinâmicas do "acaso" e do "determinismo", do aqui-e-agora. Seguindo Frankl em seu livro *Em busca de sentido* — um dos títulos mais influentes do século passado —, cada um tem seu próprio campo de concentração e precisa aprender a superá-lo, entre outras coisas com paciência e atitude de perdão. Para ele é fundamental que cada um encontre o sentido da própria vida. Perdoar quem me agrediu não é *conformar-me*. Se estou convencido do sentido de minha vida, não me conformarei. Ter claro o sentido da vida me permite aceitar a realidade do dano, enquadrá-lo nesse sentido e, se preciso, gerar uma nova relação com a pessoa que me ofendeu.

Naturalmente, a culpa — fundamentada em minha responsabilidade pessoal: conhecimento e liberdade — e o arrependimento poderão ser enfrentados de forma mais saudável e positiva no contexto do sentido da vida.

Alguns conselhos para o perdão no casamento

"Assomava a seus olhos uma lágrima
e a meu lábio uma frase de perdão;
falou o orgulho e enxugou seu pranto,
e a frase em meus lábios expirou.

Eu vou por um caminho; ela, por outro;
mas, ao pensar em nosso mútuo amor,
digo eu ainda: por que calei-me naquele dia?
E ela dirá: por que não chorei eu?"

Gustavo A. Bécquer

Se o perdão é essencial para a pessoa enquanto ser social, esta importância alcança grau eminente no matrimônio e na família. Alguns autores chegaram a propor um modelo de perdão específico para casais, especialmente aplicável às situações de transgressão severa. Na riqueza contida no relacionamento entre os cônjuges, assinalarei dois aspectos que influenciam em muitas situações diárias e podem ser objeto de perdão: o perfeccionismo em algum dos dois e as chamadas regras de convivência.

Perfeccionismo

Supõe-se que as pessoas que mantêm um relacionamento conjugal não se complementam bem por serem perfeitas, o que resultaria numa relação perfeita; mas parte do que as une, em seu conteúdo e finalidade, é precisamente a ajuda que se prestam a ser melhores mediante esse relacionamento. O que ocorre, porém, com as pessoas perfeccionistas? Estas, por definição, enfrentam todos os aspectos de sua vida com uma exigência desproporcionalmente alta. Por isso, num relacionamento de casal, geralmente esperam que o outro não tenha defeitos e que a relação na qual estão emocionalmente implicadas também esteja livre de faltas. Isso é impossível. Tanto é assim que, se na convivência não se discutem dificuldades ou conflitos, o casal está fugindo deles: ignora o que vai mal em vez de aprender com essas experiências. Não é conveniente desgastar-se em conflitos, mas ninguém está livre de imperfeições, nem em si mesmo, nem em suas relações interpessoais.

Um segundo aspecto a se considerar na pessoa perfeccionista é que ela pode manter certa atitude defensiva na relação, fruto também de sua insegurança e medo de sofrer. Não esqueçamos que muitos perfeccionistas guardam em si grande sensibilidade emocional, bem como insegurança e autoestima baixa. Essa atitude defensiva tende a dificultar o cultivo da intimidade e da confiança. Por fim, se, em parte pela atitude defensiva, a pessoa se nega a aceitar os comentários ou correções do outro — também levado pela rigidez habitual desse tipo de personalidade —, perde a oportunidade de se conhecer, de crescer e de melhorar o relacionamento. À medida que ambos enfrentam e superam os conflitos, o "sistema imunitário" da relação é fortalecido. O objetivo, como vimos, não consiste em chegar ao relacionamento perfeito, muito menos em conservar essa perfeição dia após dia — o que seria insuportável —, mas em que o relacionamento amadureça e cresça à medida que o comportamento dos cônjuges melhora. Neste progresso o perdão se mostra fundamental para romper, quantas vezes forem necessárias, o ciclo de dano e dor, bem como para permitir o progresso do relacionamento, passando da dinâmica destrutiva da rigidez e da perfeição impossível a uma dinâmica construtiva.

Compreendemos que, para uma pessoa perfeccionista, custe pedir perdão. Por sua sensibilidade e rigidez, é comum que se sinta mais ofendida tanto em frequência quanto em intensidade. O perfeccionista funciona mais pelo senso do dever e, apesar de sua sensibilidade, às vezes pode ser surpreendentemente "descarnado" em seus juízos, o que dificulta o passo de aproximação, empatia e compaixão para com quem lhe pede perdão, isto é, aquele que "fez o que não devia". Nesse sentido, também pode ser que o perfeccionista precise ter mais segurança, expressa em forma de compromisso ou reparação, de que o outro não tornará a fazer o que fez.

Violação das regras

É normal que cada cônjuge chegue ao matrimônio com algumas expectativas e desejos a respeito de como quer que seja a relação: de como deseja que o outro trate o relacionamento, de como quer ser tratado, do que pode ou não esperar etc. Na medida do possível, seria importante chegar ao matrimônio após expressar esses desejos e expectativas; e se, com o passar do tempo, surgirem outras novas, será conveniente explicitá-las — caso contrário, corre-se o risco de transformá-las em "regras de convivência"[1]. No início do casamento, geralmente ocorre que essas expectativas sejam estabelecidas num contexto mais apaixonado, que facilita aos dois satisfazer, em grande

1 Aaron T. Beck, *Con el amor no basta*, Paidós, Barcelona, 2008, pp. 82-103.

medida, os anseios do outro. Porém, com o passar do tempo ou com a chegada dos filhos (do *você e eu* para o *nós*), essa carga tipicamente romântica do amor, herdada do noivado e necessária no início da relação, se perde. É mais fácil, então, começar a usar "a regra como medida" — falar em justo e injusto, nos deveres do outro etc. — e que tudo isso acabe se cristalizando em regras de convivência, muitas das quais ecos das regras aprendidas no lar de origem. Não podemos esquecer que os filhos tendem a imitar os padrões familiares vivenciados em casa desde cedo — neste caso, na relação entre os pais.

Às vezes, diante da conduta de um, o outro se aborrece de forma desproporcional. Estou falando de condutas que em si mesmas não parecem más, mas que, independentemente do motivo, causaram dor ao outro. É muito provável nesses casos que tenhamos descumprido uma das "regras de convivência" do companheiro. De fato, nos casamentos com problemas, a maioria dos aborrecimentos não nasce de más condutas dos cônjuges, mas do descumprimento destas regras.

Alguns exemplos dessas regras de convivência: "Se realmente me amasse, faria o que me agrada, sem que eu precisasse pedir"; "se de fato se importa comigo, deveria renunciar a seus interesses ao ver meu descontentamento"; "se se preocupasse comigo, tentaria me consolar quando estou chateado"; "se realmente gostasse de mim, não deixaria sob a minha responsabilidade as tarefas desagradáveis".

Já se disse que estas regras nascem das expectativas não manifestas de um dos cônjuges. Quando elas não são claramente explicitadas, alimentam outra de suas características: a de, em geral, não levar em conta os desejos e expectativas do outro. Se o tivesse feito, ele ou ela teria tido oportunidade de dar sua aprovação à regra ou até de moderá-la ou negociá-la. A experiência diz que, com frequência, quando um cônjuge explicita uma destas regras, o outro tende a achá-la arbitrária ou até mesmo ilógica. Trata-se de regras que têm, além disso, o caráter de absolutas: deveriam ser cumpridas sempre, pois graças à "lei do silêncio" deixaram de ser meros desejos para se tornarem direitos pouco menos que inalienáveis, quando não exigências.

Muitas vezes, são precedidas da partícula condicional "se...", o que implica uma abordagem dicotômica: se cumpre, branco; se não, negro. Isto aumenta a tensão do ambiente e, pouco a pouco, a tensão do outro, que não sabe o que esperar, pois cada conduta sua, aparentemente inócua, provoca algum aborrecimento.

Outro aspecto negativo dessas regras de convivência está em determinar onde está o limite máximo quando o outro sequer sabe que há uma regra. Assim, por exemplo, diante da queixa: "Se de fato se importa comigo, você deveria renunciar a seus interesses ao ver meu descontentamento", seria preciso distinguir de que tipo de interesses se trata, pois ir esquiar num fim de semana não é o mesmo que assistir à retrospectiva dos gols do campeonato, assim como ir a cada duas tardes à piscina não é o mesmo que tomar um cafezinho com as amigas.

O pior é que essas regras, cujo silenciamento gera uma ruminação interior que as alimenta emocionalmente, podem vir a se qualificar como "faltas imperdoáveis". Cada vez que uma dessas faltas se repete, a carga emocional gerada pode continuar encobrindo o que a sustenta, tornando cada vez mais intolerável o seu descumprimento, sem que se leve em consideração que o outro pode ainda não saber em quê tal regra consiste.

Entende-se que, embora tais regras possam dificultar um relacionamento ou acabar cristalizando determinada situação concreta, uma das chaves que abrem esse cadeado, que desatam esse nó na relação, é se expressar. Do contrário, os pedidos frequentes de perdão, ainda que sejam sinceros, perderão progressivamente a autenticidade. Vale a pena compartilhar a existência dessas regras de convivência, o que permitirá que o perdão se ajuste ao dano objetivo e ao subjetivo e que se produzam a compaixão e empatia necessárias para um perdão autêntico.

Há outras regras que parecem razoáveis, mas que o fato de serem colocadas acima de tudo ou de ser castigada sua transgressão introduz o casal num culto do dever que o afasta da doação mútua original e torna a relação muito mais rígida e instável. Fico satisfeito quando meu cônjuge cumpre os meus desejos; mas, se sou eu quem atende ao seu desejo e o alegro, também deveria contentar-me.

Por fim, essas regras têm outra característica: a personalização. A pessoa que assumiu esse modo de convivência pode considerar o ataque a uma dessas regras como um ataque pessoal: "Se realmente se importa comigo, deveria renunciar aos seus interesses de vez em quando". Ou seja, se amanhã vai praticar seu esporte favorito — independentemente de quando foi a última vez que o fez —, é sinal de que não se importa comigo, de que para ele ou para ela eu sou um zero à esquerda. Às vezes, naquela manhã específica, o caso fora justamente o oposto: saíra tão irritado do trabalho que decidira ir antes à piscina para não chegar em casa naquelas condições, afetando também o humor do cônjuge.

Pode surpreender que, entre duas pessoas que se amam e se querem tão bem, surjam situações que afetem tanto quanto as ofensas graves. No fim das contas, vale o que diz o provérbio: "Quem o ama o fará sofrer". E não por falta de amor, mas porque no casamento a relação é tão íntima, tão pessoal, que significados muito pessoais acabam por ser atribuídos a ações cotidianas. Por isso tendemos a ser menos tolerantes com o cônjuge do que com outras pessoas. Tendemos a considerar o que o outro faz por nós como sua obrigação, sem valorizar também a realidade mais profunda e essencial de que o cônjuge "está aqui", comigo, livremente, mesmo que nesta ocasião "tenha me frustrado".

Ao perdoar a violação destas regras, é importante que a pessoa ofendida explicite a possível regra de convivência implícita que foi infringida. Isso ajudará o outro a pedir perdão e a entender por que causara a dor; e, no caso daquele que se sentira ofendido, a conhecer as intenções do transgressor. A partir daí, ambos já têm condição de compartilhar a dor, embora cada um com seus matizes próprios. Já podem se compadecer da dor do outro, e já é possível que o processo do perdão avance, que certo compromisso se estabeleça dali em diante, na medida em que a expectativa de um dos cônjuges foi explicitada na relação.

Direção geral

Renata Ferlin Sugai

Direção editorial

Hugo Langone

Produção editorial

Juliana Amato

Ronaldo Vasconcelos

Daniel Araújo

Capa

Provazi Design

Diagramação

Sérgio Ramalho

ESTE LIVRO ACABOU DE SE IMPRIMIR
A 26 DE JUNHO DE 2023,
EM PAPEL PÓLEN BOLD 90 g/m^2.